AF590052

prise
deparole

Éditions Prise de parole
359-27, rue Larch
Sudbury (Ontario)
Canada P3E 1B7
www.prisedeparole.ca

Nous remercions le gouvernement du Canada, le Conseil des arts du Canada, le Conseil des arts de l'Ontario et la Ville du Grand Sudbury de leur appui financier.

Lucky Lady

Du même auteur

Roman

Un vent se lève qui éparpille, Sudbury, Éditions Prise de parole, 1999, prix du Gouverneur général.

Théâtre

Avec David Granger, Laura Lussier, Alexis Martin, Andrea Menard, Yvette Nolan, Gilles Poulin-Denis, Paula-Jean Prudat, Mansel Robinson et Kenneth T. Williams, *Le Wild West Show de Gabriel Dumont / Gabriel Dumont's Wild West Show*, Sudbury, Éditions Prise de parole / Vancouver, Talonbooks, 2021.

La Queen, Sudbury, Éditions Prise de parole, 2018.

Il n'y a que l'amour, Sudbury, Éditions Prise de parole, 2011 [1999], prix du Gouverneur général.

Août. Un repas à la campagne, Sudbury, Éditions Prise de parole, 2006.

Le chien, Sudbury, Éditions Prise de parole, 2003 [1990, 1987], prix du Gouverneur général.

Eddy, Montréal, Éditions du Boréal / Sudbury, Éditions Prise de parole, 1994.

Les murs de nos villages (coauteur d'un collectif), Sudbury, Éditions Prise de parole, 1993 [Rockland, Éditions Sainte-Famille, 1982].

Les Roger, avec Robert Marinier et Robert Bellefeuille, Sudbury, Éditions Prise de parole, 1982.

Hawkesbury Blues, avec Brigitte Haentjens, Sudbury, Éditions Prise de parole, 1982.

Nickel, avec Brigitte Haentjens, Sudbury, Éditions Prise de parole, 1981.

Poésie

Et d'ailleurs, Sudbury, Éditions Prise de parole, 1984.

Gens d'ici, Sudbury, Éditions Prise de parole, 1981.

Les murs de nos villages, Sudbury, Éditions Prise de parole, 1980.

Traduction

avec Charles Bender, Maria Campbell, *Halfbreed*, Sudbury, Éditions Prise de parole, 2021.

William Shakespeare, *Richard III*, Sudbury, Éditions Prise de parole, 2015.

James Joyce, *Molly Bloom*, Sudbury, Éditions Prise de parole, 2014.

Mansel Robinson, *II (Deux)*, Sudbury, Éditions Prise de parole, 2012.

William Shakespeare, *Hamlet*, Sudbury, Éditions Prise de parole, 2012.

Tomson Highway, *Dry Lips devrait déménager à Kapuskasing*, Sudbury, Éditions Prise de parole, 2009.

Mansel Robinson, *Roc & rail, Trains fantômes* suivi de *Slague. L'histoire d'un mineur*, Sudbury, Éditions Prise de parole, 2008.

JEAN MARC DALPÉ

Lucky Lady

Théâtre

VIVAT
SUDBURY 2022

Photographie en première de couverture : Marti157900/depositphotos
Conception de la première de couverture : Olivier Lasser

Révision et infographie : Chloé Leduc-Bélanger
Correction d'épreuves : denise truax

Diffusion au Canada : Dimedia

Catalogage avant publication de Bibliothèque et Archives Canada
Titre : Lucky Lady / Jean Marc Dalpé.
Noms : Dalpé, Jean Marc, 1957- auteur.
Description : 2e édition | Mention de collection : Vivat | Pièce de théâtre.
Identifiants : Canadiana (livre imprimé) 20220391645 | Canadiana (livre numérique) 20220391734 | ISBN 9782897443597 (couverture souple) | ISBN 9782897441531 (PDF) | ISBN 9782897441548 (EPUB)
Classification : LCC PS8557.A458 L83 2022 | CDD C842/.54—dc23

Lucky Lady a été créée le 10 janvier 1995 au théâtre Périscope, à Québec, dans une coproduction du Théâtre Niveau Parking et du Théâtre de la Vieille 17.

Équipe de création

Texte :	Jean Marc Dalpé
Mise en scène :	Michel Nadeau
Assistance à la mise en scène :	Line Nadeau
Décors et éclairages :	Jean Hazel
Costumes :	Sylvie Courbron
Musique :	Robert Caux

Distribution

Zach :	Robert Bellefeuille
Shirley :	Josée Deschênes
Claire :	Sophie Dion
Mireille :	Marie-Thérèse Fortin
Bernie :	Benoît Gouin

Les personnages

Bernie : Bernard. 32 ans. En fauteuil roulant. Tatouages.

Zach : Zacharie. 27 ans. Petit dealer. Queue de cheval, boucle d'oreilles. Cuir. Le chum de Shirley.

Shirley : Charlotte. 39 ans. Chanteuse country. Permanente à la Dolly Parton.

Claire : 19 ans. Mère de l'enfant de Bernie. Nez percé. Cheveux longs et raides. Jeans déchirés au genou.

Mireille : 35 ans. Chauffeuse de taxi. Veste en suède à franges. Casquette de baseball.

Lieu et temps

Petite ville industrielle en déclin pas très loin de Montréal. Nous sommes le 11 août (nuit des Perséides).

Acte I

Une longue note rauque et blues d'harmonica.

La sonnerie au début d'une course.

Le bruit des chevaux qui courent.

Mireille est aux courses. Elle a un verre de bière rempli à ras bord dans une main et un ticket dans l'autre.

MIREILLE

Envoye ostie ! Envoye ostie ! Envoye ostie !

Le bruit de cartes à jouer qu'on bat.

Zach est à une table dans la salle commune en prison.

ZACH

C'que j'ai pogné, c'est six mois moins un jour. Mais comme le temps que m'a passer icitte ?... dix semaines. Dix max. Parce que j'te l'dis, y'auront jamais vu un dossier comme le mien au comité de libération conditionnelle. J'travaille là-dessus. Comme j'veux dire, m'a leur faire la jobbe à ces osties d'chriss là.

MIREILLE

Envoye !

Zach
Un ange !

Mireille
Envoye !

Zach
D'ici là, un ange tabarnak !

Mireille
Envoye, ostie !

Zach
J'm'inscris dans tout c'qui passe, les cours, les sessions de counseling, les sessions de thérapie, AA, name it j'suis d'dans.

Mireille
Oui chriss ! Oui !

Zach
J'm'en vas même voir le curé demain.

Mireille
Bon move. Bon move.

Zach
Parc' t'sais, c'qui marche icitte : culpabilité, regrets, remords… « Mon père, j'veux changer, j'veux tourner la page, j'veux régler mes problèmes. Pardonnez-moé sacrament d'avoir tant fait d'péchés. »

Mireille
Coupe en d'dans !

Zach
Mea culpa, c'est ça qu'y veulent entendre.

Mireille
Coupe en d'dans !

Zach
Mea fucking culpa.

Mireille
Coupe en d'dans !

Zach
Mea fucking maxima culpa.

Mireille
Coupe en d'dans, ostie !

Zach
C'est ça qu'y veulent, c'est ça m'a leur donner cent milles à l'heure.

Mireille
Bon ! C't'à peu près temps aussi !

Zach
Trop ? Non, non... plus' tu beurres, mieux que c'est. Comprends-tu l'concept ?

Mireille
Tu l'as mon kiki !

Bruits cacophoniques d'une arcade.

Claire est à un téléphone payant. Elle parle fort à cause du bruit.

Claire
C'est un bébé de quatre mois, M. Laprise.

Mireille
Que c'est qu'y fait là, lui ?

Claire
Y'a personne qui sait mieux que moi qu'elle a pleuré une bonne partie de la nuit, M. Laprise. J'étais là.

Mireille
Que c'est qu'y fait là ?

Claire
Ben oui, j'étais là. (*courte pause*) Là j't'au travail, pis elle est avec la gardienne. (*courte pause*) Qu'est-ce que vous voulez que je fasse, M. Laprise ? Elle a des coliques pis...

Mireille
Y'a pas d'affaire là, lui.

Claire
C'est les coliques, vous savez. C'est ben/ ça arrive souvent à c't'âge-là. C'est ben difficile de/ J'fais tout ! J'la change, j'la nourris, j'la berce, j'la/ c'est ben difficile...

Mireille
D'où qu'y sort, c't'ostie-là ?

Claire
La protection de la jeunesse ?

Mireille
Va chier.

CLAIRE
Le voisin d'en haut veut appeler la protection de la jeunesse ?

MIREILLE
Va chier. Va chier. Va chier. Va chier.

Shirley porte des lunettes de soleil et, dans une main, son costume neuf sur un cintre.
Harmonica. Accords de blues.

SHIRLEY
Chriss que j't'en forme ! Que j'me sens ben !

MIREILLE
Tiens-toé en avant !

Accords de blues.

SHIRLEY
À soir mon numéro y sort ! À soir, ça clique !

MIREILLE
Tiens-toé en avant !

Accords de blues.

SHIRLEY
Donnez-moé un stage. Donnez-moé un public. M'a t'réchauffer ça, mon homme.

Accords de blues.

On va parler d'la Shirley demain matin garanti !

MIREILLE
OUI !

Bernie dans un fauteuil roulant joue de son harmonica et chante un blues tout fucké et tout croche.

BERNIE
Moé j'suis rentré par la 'tite porte d'en arrière.
Mais m'a sortir par la grande porte d'en avant.
Ouais, j'suis rentré par la tout'tite porte d'en arrière.
Mais m'a sortir par la chriss de grande porte d'en avant.
Quand m'a partir quand m'a descend' la montagne.
Suivi d'mes chums de mes blondes de mes compagnes.
Qui vont m'laisser dans terre gelée frette d'un champ.
Ouais quand l'temps est v'nu d'la descend' ma montagne.
D'aller faire mon dernier tour dains rangs d'campagne.
Sera su'une charette tirée par quat' juments blancs.
Ouais su'une charette tirée par quat' juments blancs.

Shirley en robe de chambre, tenant son costume devant elle. Elle se parle en se regardant dans le miroir de sa loge.

SHIRLEY
Merci... Merci... Bonsoir tout l'monde ! Aimez-vous ça le country ? (*imitant une foule*) Oui ! Aimez-vous ça le western ? (*même jeu*) Oui ! Aimez-vous ça le country-western ? (*courte pause*) Fuck.

Pause. Elle enlève une étiquette de son costume.

J'aimerais juste dire icitte... J'aimerais juste vous dire que j'me sens honorée... que c't'un honneur... J'aimerais juste vous dire que c't'un/ comment j'me sens chanceuse d'avoir la chance/ J'aimerais juste vous dire icitte comment j'me sens/ comment j'suis contente... contente/ heureuse/ comment j'suis heureuse de me retrouver sur la même scène que ce monsieur-là qui/ que c'bonhomme-là !/ que ce bonhomme-là qui en a fait tant/ tellement/ tellement/ qui en a fait tellement pour la musique country. Je l'écoutais quand j'étais petite. Je l'écoute encore… Je l'écoutais quand/ Je chantais avec lui à radio quand/ Petite !/ Toute petite, je chantais ses chansons et ce soir ce soir je réalise un rêve.

Pause.

Merci… Merci… Ce soir je réalise un rêve. Aimez-vous ça le country ? (*même jeu*) Oui ! Aimez-vous ça le western ? (*même jeu*) Oui ! Ben let's go ! Envoye, mon Michel !

Pause.

Oui. Shirley, Shirley, Shirley. Avant la troisième toune. Tu parles de ton disque qui s'en vient, pis après tu fais la passe du bonhomme. Oui ?

Pause.

Oui.

Zach joue aux cartes. Au solitaire. Bernie le regarde.

BERNIE
Tu triches.

ZACH, *sans lever la tête*
Écœure pas l'peuple.

Shirley dans sa loge.

SHIRLEY
Le secret, Shirley, c'est d'être ouverte. De t'ouvrir. De t'ouvrir à la musique. L'âme de la musique. À l'âme country de la musique. À la douleur de la musique. À la joie de la musique. De t'ouvrir. Grande, grande, grande...

Pis là, bang ! T'es as ! Chaque sacrament dans place.

Zach joue toujours aux cartes.

BERNIE
C'est du poison.

ZACH
Bad stuff, bad scene. Bad.

BERNIE
C'est bad.

ZACH
Motherfuckin' bad.

BERNIE
Parc' t'sais/

ZACH
Je l'sais/

BERNIE
T'sais/

ZACH
Je l'sais c'que tu vas dire.

Bernie
Tu peux être dans marde…

Zach
C'est ça.

Bernie
Dans marde jusqu'au cou.

Zach
Plus'… Plus'…

Bernie
Mais c'est du poison.

Zach
Par-dessus la tête dans marde ! Tellement/

Bernie
Tellement dans marde…

Zach
Pis hein… ?

Bernie
Ouain.

Zach
C'est facile.

Bernie
O fuck, facile… ?

Zach
Hein ? Je l'sais…

Bernie
Puff puff !

Zach
You're the fuckin' king !

Bernie
C'est bad.

Zach
Da king a da ring !

Bernie
C'est bad là…

Zach
Mais !… Mais c'est bon.

Bernie
Non.

Zach
Non, écoute, comprends-moé…

Bernie
C'est pas bon.

Zach
Non, non, je l'sais ça que c'est pas bon, que c'est bad.

Bernie
Motherfuckin' bad.

Zach
T'as raison, man. Comprends-moé. Comprends l'concept. J'te parle quand t'es là, quand t'es dans l'trip.

Comment que ta tête te fait c'est bon même si c'est bad parc' t'es twisté.

BERNIE
Mais tu t'trompes.

ZACH
Ben oui, tu t'trompes.

BERNIE
Mais tu te trompes.

ZACH
Certain tu t'trompes, t'es twisté ! C'est ça le trip. Mais quand t'es d'dans, hein ? C'est pas d'même que tu vois ça.

BERNIE
Ben non.

ZACH
Ton puff puff, c'est comme...

BERNIE
Une délivrance.

ZACH
Une « délivrance ». Bon mot, bon mot. Une « délivrance ». Awright ! OK ! C'est ça !... C'est comme « Délivrez-nous du mal. »

BERNIE
Yia !

ZACH
Fuckin' right yia !

Bernie
Yia !

Zach
Ça ! Ça man ! Ça, c'est l'trip. (*pesant chaque mot*) Délivrez-moé du mal.

Bernie
C'est l'trip.

Zach
On vient de…

Bernie
… de l'mettre dans une phrase.

Zach
Bingo.

Claire est encore au téléphone. Bruits cacophoniques de l'arcade.

Claire
M'man !

Non, écoute ! Écoute-moé là !

Non, j'pas en train de te d'mander ça.

J'pas en train de te d'mander si j'peux revenir à maison avec la p'tite. C'est pas ça que j't'en train de/

Non, je l'sais que t'as pas assez de place.

Non, je l'sais que tu veux tout' faire pour m'aider mais que/

Je l'sais ! M'man !

Écoute-moé là ! J'te demande juste si tu sais si le propriétaire a l'droit de/

M'man !

M'man !

M'man ! Pleure pas !

Pleure pas ! M'man, c'est moé qui a le problème pas...

Pleure pas, s'il vous plaît pleure pas, arrête de...

M'man !

As-tu pris tes médicaments aujourd'hui ?

Va les prendre.

Oui, tu-suite.

Va les prendre, on s'parlera t'à l'heure.

M'man !

En prison. Zach brasse les cartes.

ZACH
J'pas fait' pour icitte, man. Personne l'est. Mais y'en a qui prennent ça mieux que d'autres. Y'en a qui s'font une raison. Y'en a qui sont capab' d'accepter les murs, les limites... pis comme ça, y'arrivent à les oublier ou entéka à s'trouver assez d'espace pareil, t'sais assez d'espace pour pas crever. Fait que... j'sais pas comment y font mais sont en d'dans mais en déhors en même temps. (*courte pause*) Moé j'arrive pas.

BERNIE
Non ?

ZACH
J'arrive pas à respirer icitte. C'est comme : Donnez-moé de l'air, tabarnak ! (*courte pause*) Quand la porte ferme, t'sais… Claing ! Pis j'entends le verrou qui tombe en place Ka schlick ! Ah !… j'peux pas te dire ostie c'que ça m'fait. C'est comme dans ma tête, ça va Tssssss… tout l'temps Tsssss… un son ben aigu Tsssss… comme un serpent à sonnette… Ça prendrait pas grand-chose pour que j'fasse une folie.

BERNIE
Te tuer ?

ZACH
Non ! Voyons !… Sauter l'mur. Take a hike. Chrisser mon camp. C'est facile icitte. Y'a rien là.

BERNIE
C'est facile parc' personne veut l'faire. Personne est assez fou pour le faire. Tu l'fais, t'es fait'. Y t'pognent, c'est p'us un p'tit trois, quatre mois relax mollo que t'es en d'dans, c'est comme là t'es parti pour/ on parle des années.

ZACH
J'sais. Je l'sais. Mais comme Claing Ka schlick Tsssss… Ouh ! J'sais pas, Bernie… j'sais juste pas si j'capab' de l'prendre. C'est ma première fois… pis j'sais juste pas, man. Comprends-tu l'concept ?

Shirley en costume de scène extravagant (Rhinestone cowgirl).

SHIRLEY

C'est juste ?! C'est juste ?! C'est-tu juste c'que tu viens de m'faire là ?

HEY ! J'TE PARLE, OSTIE ! REGARDE-MOÉ DAINS YEUX PIS DIS-MOÉ SI C'EST JUSTE !?

Trois ! Trois tounes ! Trois chansons pour ouvrir le show !

Non, non, non... pas d'ostie d'écoute Shirley Baby... M'a t'en faire moé, des ostie d'écoute Shirley Baby. Tu m'as dit trois ! Tu m'as promis trois ! J'm'en suis préparé trois ! J'me suis gearée pour trois ! TROIS ! Trois tounes ! Trois chan...

On est en retard ? On est en retard ? ON ?! Qui ça « ON » ? C'est qui ça « ON », ostie ?! C'est pas moé ça « ON », no fuckin' way. No fuckin' way que tu vas m'piner c't' « ON »-là su'l dos, no fuckin' way. J't'icitte depuis six heures. Avant tout l'monde. Préparée ! Gearée ! Accordée ! Avant tout l'monde ! Fait que parle-moé pas d'en retard, ostie !

Dans l'cul son contrat. Dans l'cul ! Dans l'cul, ostie ! C'est qui qui en finissait p'us avec son sound check ? C'est qui qui a fait' attendre le monde déhors devant l'aréna ? C'tu moé ? Tu vas-tu m'dire que c'est moé ? N'ai même pas eu d'sound check, moé ostie ! Mais j'tais prête, j'tais prête à y aller pareil. Pis j't'allée pareil !

Merci ? Merci ? Fuck you Merci !

Ça là, ça là, ça là, j'm'en câlice ! J'm'en contre-câlice que c't'ostie-là vienne de Nashville pis qu'y aille son programme à TV américaine. Tu m'entends-tu ? Je m'en contre-fucking-câlice comme de l'an quarante, ostie !

J'ai eu d'l'air de quoi là, moé, là su'l stage !!! Hein ?! REGARDE-MOÉ DAINS YEUX OSTIE QUAND J'TE PARLE ! J'ai eu d'l'air d'une tarte, ostie ! J'ai eu d'l'air d'une/

Oui, d'une tarte ! D'une ostie d'tarte ! Pas d'ostie d'intro. Pas d'ostie d'fuck all. Le monde sont même pas tout' assis. Les lumières de la salle sont encore allumées. Y'a un chriss de buzz dans l'moniteur gros comme comme comme… C'est comme ostie ! un 747 qui décolle le buzz, ostie ! C't'ostie d'buzz-là !

Fallait qu'on commence, mon cul ! Mon cul, ostie !

Contente ? J'devrais être contente ? Arrête ! Arrête, ostie ! Comment ça, fuckin' right contente ? Contente d'avoir l'air d'une tarte devant/ Devant mon monde ! MON MONDE, OSTIE !

Arrête-toé avec ton living legend, ostie ! C't'un shnook ! C't'un vieux shnook !

Ma chance ? Ma chance ? T'as-tu dit ma chance ? Tu veux peut-être que j'te remercie ? C'est ça tu veux ? Tu veux peut-être que j'me mette à genoux drette icitte pis… Pis comme t'aimerais peut-être que j't'embrasse le cul tant qu'à y être, hein ! Hein ? Veux-tu que j't'aide à t'baisser les culottes, ostie ! Comme, comme, comme… FAUT QUE J'TE REMERCIE !? TU VEUX-TU QUE J'T'A SUCE EN PLUS, OSTIE !?

OK, OK, OK, OK... j't'allée trop loin, j't'allée trop loin. J'ai une grande yeule. Comme j't'en tabarnak, OK ? J't'en tabarnak. J'sors. J'viens d'sortir de scène. Ça... Fuck, t'sais. J't'en tabarnak. J'aurais pas dû... OK ?...

Attends, attends, attends. Une chose. Juste une chose. OK, juste une chose. Une chose, OK. Elle. Elle là. La pitoune là d'seize ans. L'autre icitte qui passe là comme c'est là là su'l/

Carole ! Ouain Carole. Carole là, ostie. Comme c'tait moé : trois. Elle : trois. Right ? C'tait ça right ? Le warm-up pour l'autre shnook, c'tait ça right ?

Fait que là a va-tu en faire yenqu'une comme moé ?

Ses trois... A fait ses trois ? T'a laisses faire ses trois ?

O WOW ! O WOW ! A l'a un disque ! A l'a un disque ! J'avais oublié, comment j'ai fait' pour... A l'a un disque ! Niaiseuse ! Shirley réveille ! Un disque, ostie ! Seize ans, a l'a seize ans pis un disque ! Réveille !

Pis un beau cul ! Un beau cul, un beau cul d'seize ans, un beau/

C'que j't'en train d'dire ? Tu veux savoir c'que j't'en train d'dire ? M'a t'dire c'que j't'en train d'dire ! Tu l'sais c'que j't'en train d'dire !

HEY REGARDE-MOÉ DAINS/

(*à un autre*) De quoi tu t'mêles toé, face laitt' ? J'te parle-tu ? J'te parle pas !

She's a fucking whore ! She's a fucking ! C'est ça ! C'est ça, va-t'en ! A l'a fait' c'que moé j'ai pas voulu faire, ostie ! SHE'S A FUCKING !

(*à l'autre*) Touche-moé pas, toé, ostie ! C'est ça ! Cache-toé derrière tes gros bras ! Vieux sale ! Vieux chriss ! C'est/ C'est ça !

Courte pause.

J'va m'en aller, j'va m'en aller. Quand moé/ Fuck you !

En prison. Zach joue toujours aux cartes.

BERNIE
La haine, man.

ZACH
La haine ?

BERNIE
On vit dans un monde tellement... pis la colère...

ZACH
La colère avec...

BERNIE
La colère qui vient, t'sais... t'sais, d'la haine...

ZACH
Un gars faut qu'y s'watch, faut qu'y s'watch en tabarnak ! (*courte pause*) T'as la chienne ?

BERNIE
Un peu, un peu, un peu.

Zach
Hey Bernie ! T'es un survivor man. Fuck, 'gar'-toé. Un survivor.

Bernie
C'est d'la chance ça, man. T'sais, d'la chance... une bonne étoile. Mais t'sais comme quand est-ce que...

Zach
Que... quoi ?

Bernie
Que j'pourrai p'us compter là-dessus. Parc' peut-être que j'm'en suis tout' servi, tu vois-tu c'que j'veux dire. Parc' des fois, c'comme ça j'vois ça. C'est comme j'vois comme, comme t'es né avec. Comme une poche, t'sais. Pis t'en as tant, t'sais...

Zach
J'cré pas ça moé.

Bernie
Laisse-moé finir. C't'une poche... Que c'est tu cré pas ?

Zach
Que t'en as tant pis c'est tout'.

Un ciel plein d'étoiles.

Claire
Tu crois là-d'dans ?

Mireille
Oui. (*courte pause*) Mais t'sais, ça dépend. Ça dépend du vœu. Ça dépend d'toé.

Claire
Dépend d'quoi ?

Mireille
Faut que tout' soit… enligné… en accord.

Claire
Pis faut croire.

Mireille
Ben oui. (*courte pause*) Travailler pis laisser travailler.

Claire
Hein ?

Mireille
Des fois, ça marche pas parce que t'en fais trop. Des fois, ça marche pas parce que t'en fais pas assez.

Pause.

Claire
C'est vrai que ton père c'tait un sorcier ?

Mireille
Oui.

Claire
Qu'y guérissait ?

Mireille
Oui.

Claire
Qu'y faisait d'la magie ?

Mireille
Pas d'magie là-d'dans. D'la magie, c't'autre chose.

Pause.

La p'tite a dort ?

Claire
Une bûche.

Pause.

Mireille
Bernie sort demain ?

Claire
Hm.

Mireille
Paraît que ses jambes… (*un geste signifiant : fini*)

Claire
Hm.

Pause.

Mireille
Penses-tu qu'y va v'nir vous voir ?

Claire
Hm.

Mireille
Moé, j'suis certaine qu'y va v'nir vous voir.

Pause.

Y pourra pas s'en empêcher... Y sont d'même... Peuvent pas s'en empêcher au moins d'voir... toqués, buckés/

CLAIRE

J'veux pas en parler.

Pause.

MIREILLE

Y sont pris avec... l'appel.

CLAIRE

J'veux pas en parler.

Pause.

MIREILLE

Y savent pas quoi faire avec, par exemple...

CLAIRE

Y'en a.

MIREILLE

Pas sûr, ça. Pas sûr pantoute.

CLAIRE

Non, non, y'en a...

MIREILLE

Pas sûr...

CLAIRE

Come on, voyons, y'en a des hommes qui savent t'sais...

Pause.

Faut.

Mireille
Faut ?

Pause.

Claire
Toé, t'en veux pas d'kids ?

Mireille
Peux pas. (*courte pause*) C'tout' fucké en d'dans icitte depuis que j'ai treize ans. Une étoile filante.

Claire
Là !

Bernie
Quand c'char-là a capoté, j'aurais dû mourir, t'sais. C't'un chriss de miracle. Comme si l'bon Dieu lui-même me disait « Hey Sucker ! Une dernière chance ! Dernière ! Don't fuck up ! » J'ai vu l'fond, j'l'ai vu. Pas yenque vu, j'l'ai touché. Touché ! J'l'ai touché, chriss ! Le méchant. Les mensonges. Ceux qu'on t'conte, ceux que tu t'contes. Que tu t'contes, que tu t'contes, man ! Méchant ! Méchant rare ! Quand tu touches le fond, c'est comme... c'est l'miroir OK, c'est l'miroir dans ta face, OK ! Pis tout' est tout croche, tout' est d'travers, t'es à l'envers... c'que tu pensais être ta force c'est ta faiblesse, c'que tu pensais être vrai c'est des menteries, c'que tu pensais faisait de toé un homme c'est c'qui t'empêche d'être un homme, c'que tu pensais te faisait monter c'est c'qui te descend, c'que tu pensais être de l'amour c'est d'la haine... Puissant man. Fuck. Puissant. On parle fuckin' puissant, man.

Zach
Fait qu'le bon Dieu t'a parlé pis là comme ton vieux chum Zach : fuck him.

Bernie
Hey !

Zach
Non mais, c'est ça.

Bernie
Non, c'est pas ça.

Zach
Une faveur. J'te demande une p'tite faveur quand tu vas sortir demain pis...

Bernie
C'est pas j't'aime pas. C'est pas j'te juge ou queque chose de même, t'sais. Comprends-moé ben, c'est juste, comprends-moé ben que no fuckin' way m'a faire queque chose qui pourrait me fucker up. J'sors d'icitte demain su'a probation pis, comme t'sais...

Zach
Qui c'est qui t'parle de faire queque chose de/

Bernie
Zach. No way. No way j'embarque dans ta passe, j'm'excuse mais no way.

Zach
Quelle passe ? C'est pas une passe...

Bernie
Zach.

Zach
C'est pas une passe ! M'as-tu écouté ?

Bernie
J't'ai écouté. J't'ai entendu.

Zach
Qu'est-ce que j't'ai demandé de faire ?

Bernie
Je l'sais c'que tu m'as demandé.

Zach
J'te demande pas d'voler, j'te demande pas d'tuer quelqu'un.

Bernie
Je l'sais c'que tu m'as demandé.

Zach
J't'ai demandé quoi ?

Bernie
J'm'excuse mais…

Zach
J'te demande d'aller chez nous, chez Shirley. J'te demande d'aller chercher un sac de papier avec de l'argent d'dans – m'a t'dire où c'est quand t'auras dit oui –, j'te demande de prendre l'argent, de l'mettre dans une enveloppe, de prendre un taxi – tu vas trouver assez d'argent en plus' pour te payer l'ostie d'taxi aller-retour Montréal, OK – fait que tu prends un taxi jusqu'en ville, jusqu'à un bar sur la Sainte-Catherine, no fucking problem… le gars c'est Mike, y t'attend, t'es dans ta

chaise, y te r'connaît tu-suite, no fucking problem... y vient te voir, y fait Bonjour c'est Zach qui t'envoye ? tu y donnes l'enveloppe Merci Thank you, tu rembarques dans ton taxi, une heure plus tard t'es devant ton café chez l'chinois su'a rue de l'ancien moulin à papier, no fucking problem... J't'en train de te demander la lune ?! Dis-moé pas que c'est trop compliqué ?!

BERNIE
J'peux pas.

ZACH
Bernie man, écoute, t'es connais ces gars-là. T'es connais. Y's'crèyent dains films, t'sais comme. Comme fuck, man. Des ostie d'maniaques, man. Avec eux autres tu checkes tes claques parc' ça joue dur ça là là. Des pèteux gros d'même ! Tu fourres pas l'chien avec ça, laisse-moé te l'dire, c'est comme serious fucking business, no guff.

BERNIE
Ouain, j'les connais. Toi aussi t'es connais. Comment ça s'fait que...

ZACH
Que j'suis mêlé là-d'dans ?

BERNIE
On parle des pires tro'd'culs là.

ZACH
Je l'sais. Je l'sais. J't'un cave. Me mêler avec les Hell's ? Fuck ! Je l'sais ! Sont fous. Y'ont des canons, tabarnak ! J'ai vu ! de mes yeux vu ! un bazooka, tabarnak ! Un bazooka comme dains films, ostie. Y'ont ça d'caché queque part à Laval. Des fous !

Bernie
Comment ça s'fait, Zach, t'es là-d'dans ?

Zach
Tu m'connais, Bernie. On s'connaît depuis tout l'temps. J'suis small time. Small time. J'ai toujours été small time. J'ai toujours voulu rester small time. Fuck that shit ! T'sais. Ti-dealer, tite-ville. Gramme, deux grammes, dix grammes. Clients réguliers. Mes trois, quatre hôtels en fin d'semaine. J'fais pas d'mal à personne. Un service communautaire. C'est ça l'concept. C'est vrai, c'est pas vrai ?

Bernie
C'est vrai.

Zach
Sauf là... Shirley arrive.

Bernie
Shirley ?

Zach
Shirley arrive dans ma vie pis c'est comme... Faut que tu comprennes, Bernie, Shirley pour moé... hey !

Bernie
Ouain ?

Zach
Ouain. A m'faisait bander, j'avais onze ans. Ses parents vivaient en face de chez nous, pis m'en rappelle mon père m'a amené la voir chanter à l'aréna pis le lendemain je l'ai vue pis... Bing ! J'avais onze ans. Onze ans, tu sais même pas quoi c'est quoi ni où ni comment mais... Bing !

Bernie
Bing ! (*rires*)

Zach
Mais m'a t'dire... le premier soir, not' premier soir ensemble, Shirley pis moé... J'pas capab'.

Bernie
Pas capab' ?

Zach
Je suis tellement ému... que j'pas capab'.

Bernie
Pas de bing ?

Zach
Pas de bing, pas de bang, pas de boum. Je veux. J'veux dire... JE VEUX... comprends-tu. Mais... pfft.

Bernie
Pas de bing ?

Courte pause.

Zach
C'est là j'sais que j'l'aime pour vrai, t'sais.

Courte pause.

Bernie
Fait que...

Zach
Fait que... quand a m'dit qu'a veut que j'arrête de dealer, moé j'fais Hey Babe tu veux j'arrête ? J'arrête.

BERNIE
Mais t'arrêtes pas.

ZACH
Ben non, comment veux-tu j'arrête ? J'ai des dettes, j'ai un char à payer, j'ai ci, j'ai ça, fuck... Pis là, c'est l'histoire du disque.

BERNIE
Disque ? Quel disque ?

ZACH
Shirley s'met après moé pour son disque. A veut son ostie de disque, faut qu'a l'aille son disque. Son disque, son disque, son disque, c'est tout c'qu'a/ moé j'veux y donner ! C'est le plus beau cadeau que j'peux y faire, right ?

BERNIE
Right. Là, j'vois tout'. Tu t'dis deux trois bonnes passes...

ZACH
Deux, trois bonnes passes, j'arrête quand elle, a l'a son disque.

BERNIE
T'as besoin d'une connexion.

ZACH
J'me mets à faire du shopping. Prochaine image : j'suis dains party dans un chalet. C'est pèté au frette là-d'dans. Une band, des filles, d'la coke mur à mur...

BERNIE
Pis tu vois pas les bicycles dehors ?

Zach
Y'a des bicycles mais t'sais, des bicycles ! Fuck des bicycles ! Y'a des grands-mères qui ont des bicycles astheure, y'a des gangs de fonctionnaires qui s'promènent en Harley astheure ! Je l'sais-tu moé que ces Harleys-là, c'est comme the Real Thing ! ?

Bernie
Prochaine image... T'as ta connexion, t'as ta dope...

Zach
J'ai ma dope, j'ai mon argent...

Bernie
Oups, ton argent sort par les fenêtres, retourne voir ta connexion...

Zach
Prochaine image... c'est là icitte...

Bernie
Toé, t'es en d'dans, eux autres sont nerveux...

Zach
Sauf... l'argent, je l'ai.

Bernie
Tant mieux pour toé, Zach. Tant mieux pour toé.

Zach
Faut j'leur donne demain. (*courte pause*) Aide-moé, Bernie.

Pause.

Bernie
J'peux pas, Zach.

Pause.

ZACH
L'affaire, Bernie, l'affaire c'est que… c'est fait'.

BERNIE
C'est fait' ?

ZACH
C'est fait'… comprends-moé là, Bernie, t'es connais ces fous-là comme/

BERNIE
Que c'est tu veux dire, c'est fait' ?

ZACH
J'leur ai dit que quelqu'un l'amenait demain.

BERNIE
Ça, c'est ton problème, Zach, j'm'excuse. J'm'excuse mais c'est comme ton problème.

ZACH
Sauf… si j'leur dis t'es qui pis comment qu'y peuvent te rejoindre chez Claire.

Longue pause.

Tu me mets dans une position où j'ai pas l'choix.

BERNIE
Hey !

ZACH
J'ai pas l'choix.

BERNIE
Tu vas/

ZACH
Que c'est tu veux/

BERNIE
T'as un choix.

ZACH
J'ai pas de/

BERNIE
T'as un sacrament de/

ZACH
Non, chriss ! Non, fuck ! Non, ostie ! ostie, j'ai pas comme/

BERNIE
Fait yenque leur dire où qu'il est ton stash pis comme fuck !

ZACH
J'ai comme/ c'est quoi le choix ? Ça, c'est pas un choix. Shirley a voit ça, chriss/

BERNIE
T'sais c'est comme/

ZACH
C'est comme le choix, tabarnak ! Fuck ! le choix c'est comme ent' me faire casser les deux bras pis comme ton ostie de/ Tabarnak de pureté ? de nouvelle virginité ? T'sais comme ! Tu volais des chars à douze ans, Bernie.

Tu volais tabarnak des ostie d'chars à douze, à douze ans, ostie ! Que c'est ? Fuck man, gimme a fuckin' break, ostie ! Ta cerise est pètée, ça fait un bout' t'sais comme !

Longue pause.

BERNIE
Je l'fais pas.

Le ciel plein d'étoiles.

CLAIRE
Mais ça icitte… les étoiles, les vœux, le trip… c'est pas indien.

MIREILLE
C'est pas indien ? Comment tu sais ça ?

CLAIRE
Je l'ai lu. Queque part.

MIREILLE
Ouain ?

CLAIRE
Ouain. C'est blanc. C'est européen.

MIREILLE
Européen ?

CLAIRE
Ouain.

Pause.

CLAIRE
Pis comme si c'est européen, comme si c'est pas indien... Ton père le faisait pareil même si... ?

MIREILLE
C'est tout' mêlé. Tout' mélangé... la connaissance... les chants, les tambours, les prières... (*pause*) Les vraies affaires, c'est rendu des contes pour enfants pis nos contes pour enfants y'en a qui prennent ça pour du cash.

CLAIRE, *en souriant*
C'est fucké.

Pause.

MIREILLE
Mais y'en a qui savent la différence. Y'en a. J'te dis pas qu'y'en a pas ou qui sont tous morts. Non, non, y'en a. (*courte pause*) L'Arizona. (*courte pause*) L'Arizona. C'est là qu'y sont.

CLAIRE
Ouain ?

MIREILLE
C'que tu fais, c'est tu montes dains montagnes au-dessus du désert. Tu t'trouves une place. Une place propre. Une place pure. Pis faut la laisser comme ça quand tu pars, fait que t'apportes rien, tu reviens avec rien. (*courte pause*) Mais tout' est là, pis tout' se passe, pis tout' est changé.

Pause.

CLAIRE
J'aurais peur que ça soit comme une secte, t'sais.

Mireille
C'est pas une secte.

Claire
J'te dis pas que c'est ça, j'te dis pas ça. Mais t'sais, les moonies, ou t'sais les capotés, les osties d'capotés de Waco.

Mireille
Pourquoi tu m'parles des moonies ? Ça rien à voir avec les moonies.

Claire
Non, j'sais ben mais t'sais. J'te dis pas que/ mais j'en ai rencontré pis ouou ayoye ! T'es vois, pis t'sais, ça s'met à t'parler pis tout est beau tout est beau pis O ! O !...

Mireille
C'est pas un trip fucké de secte parc' j'te parle...

Claire
Non, non, mais faut faire attention, t'sais...

Mireille
HEY ! J'AI PAS BESOIN DE TES DOUTES !!! J'ai pas besoin de ça.

Pause.

Claire
Écoute, Mi, j'voulais pas/

Mireille
Shsh !

Pause.

MIREILLE, *en montrant du doigt un coin du ciel*
Là !

Claire lève la tête. Une étoile filante s'illumine.

Shirley boit au goulot d'une bouteille de Canadian Club. Devant elle, il y a un sac de papier kraft éventré plein d'argent et une boîte à souliers.

Elle parle dans la bouteille comme si c'était un micro à la soirée de gala de l'ADISQ.

SHIRLEY
Merci… Merci… Non, c'est trop… (*elle boit*) C'est trop.

Chers membres de l'Académie, cher public… la route a été longue et ardue. (*courte pause, rire franc, puis rire amer, puis s'arrête*) Oui, chriss. (*elle boit*) J'voudrais dire un gros merci… J'aimerais/ J'ai-me-rais remercier… Personne. Pas un chat. Pas un sacrament. (*rire*) (*d'un doigt, elle fait sauter le couvercle de la boîte à souliers*) M'a vous dire c'que j'aimerais faire par-è-z'emp'… s'cusez… Par exemple… (*elle sort un revolver de la boîte, le contemple*) Et sur chaque balle, il y a un nom. Aimez-vous ça le country-western ?

Le ciel plein d'étoiles.

MIREILLE
Parce que chaque ti-bout' de la terre est sacré. Chaque ti-carré. Chaque tite-roche. Chaque ti-caillou. Chaque grain

de poussière. Chaque atome. Chaque arbre. Chaque tite-plante. Chaque brin d'herbe. Chaque tite-affaire qui vit ou qui vit pas, qui respire ou qui respire pas, qui pousse ou qui pousse pas. Qui marche ou qui marche pas... sur deux ou quatre ou six ou huit pattes. Chaque...

CLAIRE
Chaque tite-affaire, OK, j'ai compris.

MIREILLE
Tout' !

CLAIRE
Oui, tout'.

MIREILLE
Tout' pis chaque affaire...

CLAIRE
OK, je l'ai, tout' la patente.

MIREILLE
Même l'air.

CLAIRE
Même l'air.

MIREILLE
Tu vois-tu comment c'est grand c'que j'te dis ?

CLAIRE
Ouain.

MIREILLE
C'est sacré. (*pause*) J'te l'dis, chaque fois j'pense à ça comme y faut, ça m'garroche à terre.

En prison. Zach et Bernie vont se rendre à leurs cellules adjacentes. Les sonneries sont celles de la prison. Ce sont les étapes du rituel de fin de journée.

Sonneries. Zach ramasse ses cartes et se lève.

ZACH

M'a t'dire de quoi, Bernie. M'a t'expliquer un concept icitte là. OK, écoute-moé ben. (*pause*) La classe moyenne, c'est des vaches.

Sonneries. Ils se déplacent, se mettent en file, puis s'arrêtent.

C'est pas des hommes, c'est des vaches... dains champ... debout' dains champ avec leurs bouches qui font (*imitation de la rumination*), qui digèrent, qui chient, qui r'commencent (*même jeu*).

Sonneries. Ils se déplacent.

Pour eux autres... Faut que tout' soit safe, safe, safe. Faut que tout l'monde jouse safe, safe, safe. Tu joues pas safe, safe, safe... Ding ! En d'dans, bonhomme !

Sonneries. Ils s'arrêtent.

Pour eux autres... Faut que tout' soit propre, clean... Listerine clean ! T'es pas clean, Listerine clean... Ding ! En d'dans bonhomme !

Sonneries. Ils se déplacent.

BERNIE

Pis ?

ZACH

Pis quoi ?

Bernie
Pis… j'sais pas. Qu'est-ce tu fais ?

Zach
Rien.

Bernie
Rien ?

Zach
Rien. A rien. Y'a rien à faire. Sais-tu pourquoi ? M'as t'dire pourquoi ? Parce que… (*ils s'arrêtent*) les vaches sont éternelles.

Sonneries. Ils sont devant leur cellule respective.

Bernie
Éternelles ?

Zach
Come on, Bernie. Comprends l'concept. Comprends l'concept, ostie ! Les vaches sont éternelles. Les loups peuvent disparaître. Les lions peuvent disparaître. Les tigres peuvent disparaître. Les aigles peuvent disparaître. Les ours peuvent disparaître. Les rhinocéros, tabarnak, peuvent disparaître. Tout c'qui est sauvage, pas domptable peut disparaître. Ça peut tout' disparaître… mais pas les vaches.

Bernie
Ayoye.

Sonneries. Ils entrent chacun dans leur cellule.

Zach

Pire que ça, Bernie. Pire ! Check l'concept. Y'a une vache en d'dans d'toé. Tu-suite. Comme c'est là en train de faire (*même jeu*). Tu l'entends-tu ?

Sonneries.

Bernie

Vache, pas vache, je l'fais pas, Zach. Trouve-toé quelqu'un d'autre.

On entend les portes qui ferment. Claing.
Puis les verrous. Ka schlick.

Zach

Tsss...

Noir.

Acte II

La foire. Manèges. Jeux. Musique country.

BERNIE
Le BS, j'veux rien savoir.

MIREILLE
Le BS ? Aw !...

BERNIE
C'est pas pour moé.

MIREILLE
Ben non.

BERNIE
Tu restes su'l BS trop longtemps...

MIREILLE
Faut pas faire ça. Faut pas faire ça.

BERNIE
Mes jambes vont revenir.

MIREILLE
Certain.

BERNIE
J'commence, là. J'commence la semaine prochaine à l'hôpital.

MIREILLE
Ouain ?

BERNIE
Physio à planche. Y disent trois mois, mais fuck that. Fuck that ! Deux ! M'a l'faire en deux !

MIREILLE
Faut pas aller trop vite.

BERNIE
Fuck that trop vite.

MIREILLE
Non, non, y disent...

BERNIE
Je l'sais c'qu'y disent. J'ferai pas l'fou. Mais t'sais... quand y disent trois mois là... C'est safe ça.

MIREILLE
Pour pas tu t'décourages si...

BERNIE
Ben oui !

MIREILLE
Ben oui !

Pause. Un peu plus tard.

BERNIE
M'a l'prendre le BS !

MIREILLE
Hey, si y te l'donnent !

BERNIE
M'a l'prendre certain !

MIREILLE
Certain !

BERNIE
J'veux rien savoir, mais m'a l'prendre pareil.

MIREILLE
Tu serais fou de pas l'faire.

BERNIE
En attendant.

MIREILLE
Juste en attendant.

BERNIE
Faut j'mange !

MIREILLE
Comme tout l'monde.

BERNIE
Mais quand m'a ravoir mes deux jambes...

Mireille
C'est ça l'affaire.

Bernie
Quand m'a ravoir mes deux jambes…

Mireille
Dans deux, trois mois, top.

Bernie
Top !

Mireille
Dans trois mois, top !

Bernie
Là, par exemple…

Mireille
Ah ben là…

Pause. Un peu plus tard.

Bernie
Un garage. J't'ai-tu dit ça ? C'que j'veux, c't'un garage.

Mireille
Tu m'as pas dit ça.

Bernie
J'te l'ai pas dit ?

Mireille
Non.

Bernie
Ben là, j'te l'dis. Un garage. C'est ça, j'veux.

Mireille
Un garage ?

Bernie
Ouain. Qu'est-ce t'en penses ? C't'une bonne idée, hein ?

Mireille
Extraordinaire. C't'une idée extraordinaire.

Bernie
Les chars, c'est ça j'connais, right ?

Mireille
C'est ça tu connais.

Bernie
Réparations Chez Bernie.

Mireille
Extraordinaire.

Bernie
Mécanique et carrosserie.

Mireille
Extraordinaire.

Bernie
Bonne idée ?

Mireille
Ben bonne. Quand est-ce t'as pensé à ça ?

Bernie
T'à l'heure. Su'l ch'min, en s'en v'nant.

Mireille, *courte pause*
Extraordinaire. C't'une idée extraordinaire.

Bernie
Ça j'me dis. Ça j'me dis. (*pause*) C'est bon d'être sorti, Mi. C'est bon. (*courte pause*) C't'épeurant, mais c'est bon.

Pause. Un peu plus tard.

Mireille
As-tu besoin d'argent ?

Bernie
Hey ! Tu connais quelqu'un qui t'répondrait non si on y demandait ça ?

Mireille
OK...

Bernie
Mais j'veux pas emprunter. Pas tout d'suite. J'en ai un peu pis...

Mireille
J'te parle pas d'emprunter, j'te parle pas d'ça... Écoute, ton père pis moé : des amis right ? Buddies, chriss. J'te raconterai pas tout' l'histoire, mais chriss... y m'a aidée. Quand j'tais dains patates, y m'a aidée. (*courte pause*) Pis quand y'a claqué, chriss, m'a t'dire entéka pendant un mois, là... j'ai piqué une dive, mon homme... j'tais pas belle à voir... Entéka j'y dois.

Bernie
Ben non.

Mireille
Non, non, j'y dois. J'y dois. J'y dois comme t'sais... j'ai une dette. Pas comme qu'y m'avait passé d'l'argent... j'veux dire y m'en a passé à un moment donné mais ça j'y ai remis... C'est pas ça. C'est pas du cash. C'est pour tout' le reste.

Bernie
Tu l'as aidé toé-tou.

Mireille
Oui ! Je l'sais ! Mais t'sais, j'l'ai aidé... J'l'ai... Y'était tu-seul à fin.

Bernie
J'sais.

Mireille
J'allais pas l'laisser tu-seul.

Bernie
Ben non.

Mireille
On était des amis, des buddies.

Bernie
Des buddies, hein ?

Mireille
On allait aux courses, on parlait. T'sais, on parlait.

Bernie
Ouain, hein ?

Mireille
J'ai appris chriss un tas. Un tas !

Bernie
Un tas, hein ?

Mireille
Un tas ! (*courte pause*) Mais y'a une affaire que j'veux que tu saches.

Bernie
Quoi ?

Mireille
Ent' ton père pis moé... y'a jamais rien eu de, t'sais...

Bernie
OK.

Mireille
Non, écoute, je l'sais, ben du monde, ben du monde d'icitte, t'sais... P'tite ville, t'sais, tout l'monde a son nez dains fenêtres, y voient ça (*geste signifiant petit*) y inventent ça (*geste signifiant gros*). J'sais pas c'que t'as entendu ou si t'as entendu/

Bernie
J'ai rien entendu à/

Mireille
Mais je l'sais que ça s'disait, que ça parlait comme « Mi pis Charles, Mi pis Charles », clin d'œil p'tit rire « Mi pis Charles, Mi pis Charles »...

Bernie
C'est vrai ?

Mireille
Certain. T'as rien entendu ?

Bernie
Non.

Mireille
Tant mieux. Entéka, j'voulais que tu l'saches… Le sexe ?… y'en a jamais été question. OK ?

Bernie
OK.

Mireille, *courte pause*
Fait que t'as-tu besoin d'argent ?

Bernie
Hey.

Mireille
OK. (*ton de conspirateur*) T'as-tu comme un cent ?

Bernie
Cent ?

Mireille
Ouain, un cent.

Bernie
J'ai plus' que ça.

Mireille
Non, non. Pas plus', pas plus'. T'as pas besoin d'plus'. Mais si tu l'as pas, dis-moé-lé pis j'vas t'fronter.

Bernie
Fronter ?

Mireille
Ouain. Pas d'problèmes. Tu-suite. À soir. T'en as besoin, j'te fronte le cent.

Bernie
Pour que c'est ?

Mireille
Fait que tu l'as ?

Bernie
Je l'ai, je l'ai.

Mireille
OK. (*ton de conspirateur*) Ça là. C't'une passe. C'est comme t'sais… t'en parles pas. Tu tiens ça mort. Mort. C'est ent' toé pis moé, ça sort pas d'icitte.

Bernie
Ça sortira pas.

Mireille
J'suis sérieuse, là.

Bernie
J'vois ça.

Mireille
C'est comme t'sais, chriss, t'sais… j't'en parle, j'prends une chance.

Bernie
Une chance ?

Courte pause. Elle vérifie que personne ne les écoute.

MIREILLE
Ça marche tant que personne le sait.

BERNIE
La passe ?

MIREILLE
J'veux dire, tout l'monde le sait que ça marche de même. Tout l'monde le sait. Tout l'monde la connaît, la passe. La passe c'est pas... c'est rien. J'veux dire, c'est rien de compliqué. C'est pas compliqué. La passe, c'est pas compliqué, t'sais.

BERNIE
C'est quoi ?

MIREILLE
L'affaire, c'est comme faut pas t'en parles. C'est comme j'te dis... À soir, on l'fait... après ça, t'sais... dans ta tête : efface. Faut que tu fasses : Efface... Erase, fuck. Erase tout', fuck. Comprends-tu ? Comme t'oublies ! Comme/

BERNIE
OK.

MIREILLE
Comme t'en as jamais entendu parler.

BERNIE
OK.

MIREILLE
Comme c't'une one time deal. Après ça, OK... Erase tout' fuck.

Bernie
OK.

Mireille
Parc' faut pas tu r'viennes me voir parc' tu penses qu'on pourrait le refaire pis que, t'sais… j'veux pas commencer une affaire icitte.

Bernie
Non, j'comprends.

Mireille
C'est low key. C't'une passe low key. Clean. Low key.

Bernie
Pas d'risques ?

Mireille
Non, non, non ! Aucun risque. Aucun problème. Clean. Low key. Pas d'bullshit.

Bernie
OK. Parle. Shoot.

Mireille
C't'une passe aux courses. C'est la passe aux courses quand la course est arrangée d'avance en bas.

Bernie
En bas ?

Mireille
En bas. Dains écuries. Ent' le monde. Ent' les propriétaires, les entraîneurs pis les jockeys. T'sais. Ça s'parle, ça check les affaires, boum boum boum, entéka.

Bernie
Sont pas toutes arrangées ?!

Mireille
Ben non ! Pas toutes ! Voyons !... Une sur... j'sais pas... tou'es deux semaines mettons. Entéka, celles que j'connais. Mais c'pas toujours certain non plus, parc' y'en a qui jousent mais y'en a, t'sais, y veulent rien savoir, des plus catholiques que le pape, fuck, ou d'autres, sont nouveaux, tu vois l'genre, vierge offensée, Qui moi ? fuck !

Bernie
OK pis ?

Mireille
Moé, j'suis l'middleman. J'ai mon beeper. J'ai un numéro de cellulaire où j'téléphone. Beep, beep... j'téléphone au numéro, j'place c'que mon gars en bas me dit de placer, pis j'gage c'que j'veux pour moi-même avec mon argent... Bingo !

Bernie
C'est qui ton gars en bas ?

Mireille
Hey !

Bernie
Pis ça s'passe à soir ?

Mireille
On m'a dit d'être là.

Bernie
C'qui veut dire...

Mireille
C'qui veut dire c'que ça veut dire.

Bernie
Pis, si j'suis là, tu m'donnes le nom d'un cheval...

Mireille
Si t'es là avec cent, tu r'viens icitte avec on sait pas, deux cinquante, quatre, sept peut-être...

Bernie
Si j'veux mettre plus' ?

Mireille
Non, non, non, non ! Pas plus' ! M'a t'expliquer queque chose. De temps en temps, y'a un bozo qui fait ça, OK, y'en met trop. Que c'est qui s'passe ? Y'en met trop, les odds font tilt d'un coup pour mettons le numéro sept, mettons... quand tout l'monde connaît le numéro sept pis que le numéro sept y'est pas supposé d'être dans course lui là parc' le numéro sept a fait' fuck all depuis deux mois, pis comme si tout est su'l up n'up le numéro sept y'est comme certain de rentrer bon dernier, tu vois-tu où j'veux comme... Parce qu'un long shot qui gagne, ça s'peut, ça arrive, mais... MAIS si t'à coup su'l board, su'l big board, le numéro sept passe de vingt-quatre ou, j'sais pas, quatre-vingt-douze pour un à neuf pour deux juste avant que la course commence pis que c'est le sept qui rentre en premier... Wo ! Tilt ! Les lumières rouges s'allument ! la sirène a part ! J'veux dire ça sent le set-up à cent milles à ronde.

Bernie
Pis tu veux pas ça...

Mireille
Tu veux pas ça, certain ! Un bozo qui rentre d'un coup avec ses grosses bottes de colon pis qui veut faire la passe de sa vie, y fuck la patente pour tout l'monde. (*courte pause*) Cent. Pas plus'.

En prison. Le bruit d'une porte qui s'ouvre. Zach montre un billet.

Zach
J'ai un appointement avec le prêtre. Ouain, moé ! Que c'est ?

Hey, j'suis catholique à planche. Tu savais pas ça, hein ? Comment ça, ça paraît pas ?

Il montre au gardien une croix sur une chaîne qu'il a au cou.
Courte pause.
Le bruit d'une porte qui se ferme. Claing. Ka schlick.

T'sais, ça m'aide pas ça là, là, que tu ries d'moé de même. T'es s'posé backer mes efforts de réhabilitation, OK.

Un peu plus tard. Ding. Ding. Ding. Bruits d'un kiosque de tir. Bernie tire. Ding.

Mireille
Une place propre et pure et…

Il tire. Ding.

J'figure six mille piasses pour six mois. C'est trop mais c'est l'idée du coussin. Je l'sais, j'devrais juste partir, pas penser à ci ou ça...

Il tire. Ding.

Pas m'laisser arrêter, pas laisser les choses me... dominer. Mais moé j'figure qu'un coussin, c'pas une mauvaise idée.

Il tire. Ding.

BERNIE
C'est bon, Mi. T'as un but.

MIREILLE
Ouain.

BERNIE
Un but clair, net, précis.

MIREILLE
Ouain.

BERNIE
C'est bon.

Il tire. Ding.

MIREILLE
OK!

BERNIE, *lui montrant ses mains*
'Garde. V'là un mois, j'shakais encore de même, ostie. (*au tenancier du kiosque*) Encore ! Non, non, garde-lé celui-là. Pour l'autre, là... Ouain le gros dinosaure mauve... Trois fois en ligne pis combien d'points ?

En entrevue.

ZACH
La peur… mais l'espoir. La douleur… mais la guérison. La foi. Parce que je sais… JE SAIS… qu'au bout du tunnel… il y aura le printemps.

Un peu plus tard. Bernie a le dinosaure.

BERNIE
C'est pour quand ?

MIREILLE
J'suis proche. Mars, avril… Si tout va bien, si y'a pas d'fuck up… avec ma passe aux courses, j'figure fin mai au plus tard, j't'en Arizona pour ma révélation.

Pause.

BERNIE
C'était la gimmick à mon père, hein ?

Pause.

MIREILLE
Ton père ? Que c'est ton père a à voir avec/

BERNIE
C'était sa gimmick. La passe aux courses, le gars en bas dains écuries, c'était/

Mireille
J'sais pas pourquoi/

Bernie
Mireille, fuck you. Fuck you, Mi.

Mireille
Non, Bernie...

Bernie
Fuck you.

Pause.

Mireille
OK, c'était la passe à ton père.

Bernie avec le dinosaure sur ses genoux, devant la porte chez Claire qui fume une cigarette.

Bernie
J'peux-tu rentrer ? J'peux-tu la voir ? J'aimerais ça la/

Claire
Elle a un nom.

Bernie
Carinne. J'aimerais voir Carinne.

Pause.

Claire
Pourquoi ?

Bernie
Y m'faut une raison ?

Claire
Y t'faut une raison.

Pause.

Bernie
C'est ma fille.

Claire
C'est MA fille.

Pause.

Bernie
Oui, j'comprends. Mais j'suis comme son père pareil pis/

Claire
Pis rien.

Bernie
Non, non, c'est pas rien, c'est/

Claire
Rien. Rien. T'as aucun, AUCUN, droit sur elle.

Pause.

Bernie
Oui, j'comprends. Pis j'en veux pas. Ben, c'est pas j'en veux pas, ou j'veux pas comme, si j'ai des responsabilités ou… j'veux dire… J'en prendrai pas si toé/

Claire
Père inconnu. (*courte pause*) C'est ça j'ai dit, c'est ça j'ai marqué, c'est comme ça que ça va rester.

Pause.

Bernie
Ouain, ben ça...

Claire
Quoi ça ?

Bernie
Ben y'ont des tests astheure, t'sais. L'ADN. T'sais l'ADN, l'affaire qu'on a tout', c'est comme des tests pis tu peux pas t'tromper avec ça, c'est comme une empreinte pis/

Claire
T'essayes de me l'enlever, t'es mort. T'es mort. C'est pas une menace, c'est un fait. T'es mort.

Bernie
J'ferais jamais ça.

Claire
Tu l'feras pas parc' tu vas être mort.

Bernie
Claire. Jamais j'ferai ça. Jamais.

Claire
La situation icitte c'est... toé, tu bouges pas sans ma permission, pas l'p'tit doigt, OK ? J'veux pas que tu rentres, tu rentres pas. J'veux pas que tu la voies, tu la vois pas.

Pause.

BERNIE
J'suis straight. Clean. Clean comme... j'ai pas été clean de même depuis que j'ai quinze ans, OK. AA tout l'kit, trois mois de désintox. J'ai passé dans l'tordeur, t'sais.

CLAIRE
Trois mois ?

BERNIE
Ouain trois mois, plus ça en faisait déjà deux dains lit d'hôpital, comme fait qu'en tout'...

CLAIRE
Cinq.

BERNIE
Ouain, cinq.

CLAIRE
Comment je l'sais ça, moé ?

BERNIE
J'te l'dis.

CLAIRE
Big deal. Tu me l'dis pis...

BERNIE
J'te l'jure.

CLAIRE
Tu vas arrêter, tu vas arrêter...

Bernie
J'ai arrêté, c'est ça que j'te dis.

Claire
Cinq mois, c'est rien Bernie. C'est sweet fuck all tant qu'à moé. C'est-tu clair ?

Bernie
T'as encore beaucoup d'agressivité, j'comprends pis j'te...

Claire
Agressivité ? Agressivité ? Que c'est tu penses ? Que tu vas m'impressionner avec tes gros mots qu'on t'a appris en désintox. C'est-tu ça que tu penses, Bernie ? Que trois quatre mots vont m'faire accrère que t'es tout' changé ? Hey ! Agressivité ! Ostie ! Prends-moé pas pour une valise.

Pause.

Bernie
T'es pas obligée d'me croire, encore moins d'm'aider... ça j'te l'demande pas, ça c'est comme... M'a prendre c'que tu m'donnes. Si c'est rien, ça sera rien... Mais comme... fallait que j'vienne...

Pause.

Claire
L'appel...

Bernie
La quoi ?

Claire finit sa cigarette et rentre, laissant la porte ouverte. Bernie avance jusqu'à la marche qu'il ne peut pas monter.

BERNIE, *appelant*
Claire.

En entrevue.

ZACH
C'que j'aimerais, c'est d'travailler avec le public. J't'un gars, t'sais, avec de l'entregent… Un gars qui aime ça être soigné de sa personne, si vous voyez c'que j'veux dire… J'capab' me présenter, t'sais… pas comme beaucoup d'autres icitte qui sont sloppy, qui s'en tabarnak, excusez mon langage, de c'qu'y'ont l'air… Oui. Oui, je suis tout à fait d'accord avec vous. C'est mon idée là-dessus aussi justement. La présentation, c'est très important et c'est un de mes atouts, et il faut toujours savoir jouer ses atouts quand c'est l'temps, et le temps c'est comme maintenant parce que man m'a avoir trente ans dans deux ans pis comme, si j'me réveille pas bientôt, quand est-ce que m'a l'faire ? si vous voyez c'que j'veux dire. Le domaine ? OK, j'comprends… Ben m'a vous l'dire… en prenant en état de compte mes options et en faisant le tri parmi ceuzes-là qui pour lesquelles j'aurais comme un potentiel, d'après mon estimation personnelle, de réussite… potentiellement, on parle ici potentiellement… une des options que je pourrais opter pour, je crois, serait… le domaine des assurances.

Oui, les assurances. Je crois que j'ai c'qu'y faut pour me lancer là-dedans sérieusement, si vous voyez c'que j'veux dire.

Dans la chambre de Carinne. Bernie est de dos.

CLAIRE

Paraît j'suis faite pour. C'est l'doc qui dit ça. J'suis encore comme tout' fuckée ben raide, les yeux dans l'beurre, pis là l'doc y m'dit Ma p'tite dame… Ouain Ma p'tite dame, hein fuck… Fucké hein ? Y m'dit Ma p'tite dame vous êtes faite pour en avoir une douzaine. Paraît qu'y pouvait voir ça, lui là. (*courte pause*) Y m'dit J'te gage ça doit être dans ta famille.

Claire se tourne vers Bernie. S'approche. Bernie se détourne d'elle, se cache le visage.

Tu fakes-tu ?

En entrevue.

ZACH

OK, ça va peut-être avoir l'air drôle de dire ça de même, mais la vérité c'est qu'une des choses… un des aspects qui m'a attiré dans le… appelons ça le domaine, OK… le domaine de la drogue… c'est l'côté business de l'affaire, si vous voyez c'que j'veux dire. Oui. J'veux dire c'est… c'est une petite entreprise privée ! Achat-Vente, Marchandises, Clients, Marge de profit, Ligne de crédit… Un gars faut qu'y soit d'affaire ; même si y tient pas d'livres, faut que ça balance… parce que t'sais, dans c'domaine-là, si tu vas dans l'trou… Tu vas dans l'trou ! Si vous voyez c'que j'veux dire. Non, j'sais ben que j'peux pas écrire ça dans mon CV…

Un peu plus tard. Ailleurs chez Claire.

CLAIRE

J'me souviens d'avoir voulu être un garçon. D'avoir haï mon corps. D'avoir haï la façon que j'poussais, que j'bougeais… Un été, j'ai coupé mes cheveux avec un canif. Dans c'temps-là, les étés, j'passais des heures à lancer une balle en caoutchouc bleu, blanc, rouge contre une porte de garage… des jours durant, des semaines durant… pour avoir le bon mouvement… (*en faisant le mouvement*) Bang ! toc, toc. Bang ! toc, toc. Bang ! toc, toc. (*elle arrête*) Toute seule. J't'ai déjà dit que j't'une adoptée, hein ?… Fait que, j'sais pas d'où j'viens. On me l'a jamais dit, on me l'dira jamais. Pis c'est pas triste ça. Pis c'est pas bien non plus. C'est juste de même.

Pause. Elle reprend le mouvement et le continue durant ce qui suit.

Bang ! toc, toc. Bang ! toc, toc. Bang ! toc, toc. (*courte pause*) Steve McQueen fait ça dans *The Great Escape*. Quand y'est en prison. Ben j'veux dire, dans cellule. Parc' tout' le film sont en prison, j'veux dire, le camp de prisonnier. Mais lui, on l'met dans une cellule. Parc' y'essaie tout l'temps de s'échapper, mais y s'fait pogner à tout coup. Fait qu'on l'met dans cellule. Bang ! toc, toc. Bang ! toc, toc. Pis peut-être qu'y'est en train de figurer sa prochaine façon d'sortir en garrochant sa balle contre c'mur-là… ou peut-être qu'y'est en train d'penser à ses péchés, ou à sa femme, ou… ou peut-être y'essaie juste d'avoir le bon mouvement… le mouvement parfait… Bang ! toc, toc. Bang ! toc, toc. Le bon rythme. Pas trop vite, pas trop slow. Pas trop dur, pas trop mou. (*pause, elle arrête*) À un moment donné, j'étais rendue très bonne. Très bonne. (*elle reprend le mouvement*) J'voulais p'us être un garçon. Bang ! toc, toc. Bang ! toc, toc. J'voulais être aut' chose, mais j'savais pas quoi. Me suis mise à saigner à fin de c't'été-là. J'avais neuf ans. Fait que peut-être que c'tait yenque les hormones. J'veux dire, si t'as besoin d'une explication platte pis chimique… si tu comprends rien ou si ça t'fait peur autrement. (*pause, elle arrête*) Steve McQueen, c'est-tu celui qui est mort dain'accident d'auto ?

BERNIE
T'es belle.

CLAIRE
Ouain ?

BERNIE
Ouain. (*courte pause*) Mes jambes sont, t'sais comme… mais c'est yenque les jambes.

CLAIRE
Pis ?

BERNIE
Pis j't'encore capab' de…

CLAIRE
Tant mieux pour toé.

Pause.

BERNIE
T'es belle.

Claire
J'suis belle. (*courte pause*) Y m'dit Hey t'es belle pis j'suis supposée de/

Bernie
T'es belle.

Claire
Belle… ?

Bernie
Oui, belle, t'es/

Claire
T'as passé six mois en d'dans, j'pourrais être n'importe qui.

Bernie
Non/

Claire
N'importe qui…

Bernie
Non/

Claire
N'importe quelle fille…

Bernie
Non/

Claire
Une fille qui…

Bernie
Non, toé/

Claire
Hey, t'es belle. Boum su'l dos, les quat' pattes dains airs pis...

Bernie
J'te jure/

Claire
Pis envoye par là !

Bernie
T'es pas n'importe qui.

Claire
Ça... ?

Bernie
T'es pas n'importe qui.

Claire
Pas sûre de ça, moé.

Bernie
J'te jure.

Claire
Ouain...

Il fait un geste vers elle.

Reste là, ostie !

Pause. Elle prend le dinosaure et vient pour lui remettre.

C'est trop gros, ça va y donner des cauchemars.

Il lui prend le bras. Pause.

J'ai pas l'temps pour ça. C'est pas ça qui est important. Nourrir, torcher, laver. Nourrir pis torcher. Torcher pis laver. Laver pis nourrir. Aimer ? Fuck. Que c'est qu'on connaît là-d'dans ? Que c'est que tu connais/ que c'est que MOÉ j'connais là-d'dans ?

Il la laisse, mais elle ne recule pas.

L'important tu-suite, c'est que ça l'air on va être obligé de déménager pis que j'ai pas l'argent pour déménager.

BERNIE
J'peux-tu vous/

CLAIRE
As-tu d'l'argent ?

BERNIE
Non.

CLAIRE
Bon.

Pause. Elle se touche le ventre.

Ça me fait queque chose icitte, pareil.

BERNIE, *faisant le même geste*
Moi avec.

Sonnerie de téléphone.

CLAIRE
J'suis mélangée. Tu m'as mélangée là, toé là. (*répondant au téléphone*) Oui... Qui ?... Oui, oui, juste une seconde.

Bernie
Pour moé ? C'est qui ?

Elle hausse les épaules.

Demande don'.

Claire
C'est qui ? (*recouvrant le téléphone*) Un chum à Zach ?

Bernie
Fuck.

Chez Shirley. Elle tient le revolver contre le cou de Bernie.

Bernie
O fuck !

Shirley
Je suis une fille en colère avec un fusil. Je suis pas folle mais… ça prendrait pas grand-chose.

Il vient pour parler.

Si j'étais toé, j'me tairais. J'dirais pas un mot. Parc' que hein ?… on sait jamais. Peut-être que ça va être le mot de trop, le mot que la fille a veut pas entendre, le mot qui va faire déborder le vase. Qui est rempli à ras bord. À RAS LE BORD. Parc' la fille, a n'a plein son casque. A n'a pris pis a n'a pris pis là a n'en prend p'us. Trop, c'est trop.

Bernie
Écoute/

SHIRLEY, *hystérique*
TROP ! TROP ! TROP !

Il fait un geste. Elle enfonce le canon du fusil dans son cou.

BOUGE PAS !

BERNIE, *s'immobilisant*
OK !

Très rapidement. Hystérique.

SHIRLEY
BOUGE PAS, OSTIE !

BERNIE
J'bouge pas. J'bouge/

SHIRLEY
PAS UNE MIETTE ! PAS UNE/

BERNIE
OK, OK/

SHIRLEY
M'A TIRER, J'TE JURE, OSTIE !

BERNIE, *se fermant les yeux, crispé*
OK fuck...

SHIRLEY
M'A L'FAIRE ! M'A L'FAIRE !

BERNIE, *petite voix*
O fuck, non...

Longue pause. Bernie ouvre un œil.

SHIRLEY
M'A L'FAIRE !

Pause. Puis rapide.

Comment t'es rentré ?

BERNIE
Zach.

SHIRLEY
Quoi, Zach ?

BERNIE
Zach m'a dit qu'y'avait une clef sous l'tapis au cas où t'étais pas icitte à trois heures.

SHIRLEY
À trois heures ? Zach t'a dit à trois heures ?

BERNIE
Ouain, trois heures.

SHIRLEY
Y t'a dit de passer icitte à trois heures ?

BERNIE
Y m'a dit trois heures.

SHIRLEY
Sais-tu pourquoi y t'a dit trois heures ? Parc' qu'y sait qu'à trois heures, j'suis pas s'posée d'être icitte. C'est pour ça qu'y t'a dit trois heures.

Courte pause.

BERNIE
Ah oui ?

SHIRLEY, *enfonçant le canon du fusil dans son cou*
TU VAS-TU M'FAIRE ACCROIRE QUE ÇA Y TE L'AVAIT PAS DIT ?

BERNIE
J'te jure, j'te jure, j'te jure, juré craché chriss juré y l'a pas dit juré craché. (*courte pause*) Pourquoi j'te dirais l'contraire ? Pourquoi ? Hein, pourquoi ? Que c'est ça m'donnerait là ?

Pause. Elle baisse le fusil. Pause.

J'y fais une faveur. Y doit d'l'argent. Son stash est icitte pis faut j'emporte l'argent parc' si ceux à qui y doit reçoivent pas leur/

Elle enfonce de nouveau le canon dans son cou.

SHIRLEY
Ostie, Bernie, j'ai envie de tirer là...

BERNIE
Parle-moé, OK, comme j'veux dire comme parle/

SHIRLEY
Tu veux j'te parle ?

BERNIE
Oui.

SHIRLEY
Tu veux j'te parle ? OK, m'a t'parler, m'a t'parler d'une fille qui/ Ah pis non, j'ai pas envie d'en parler.

BERNIE
Non, faut ! Faut !

Shirley
Faut ? Fuck you : faut ! Si j'ai pas envie, j'en parle pas. OK ?

Bernie
OK ! Si t'as pas envie, t'as pas envie.

Courte pause.

Shirley
OK, m'a t'parler... c't'une fille, OK ?...

Bernie
Oui.

Shirley
C'est la fille d'la place avec la belle voix, OK ?...

Bernie
C't'une fille avec une belle voix.

Shirley
Fuckin' right, une belle voix ! Une belle voix ! Une maudite belle voix !

Bernie
Une chriss de belle voix !

Shirley
Oui monsieur !... Une voix pas pire entéka. Une voix assez pas pire, entéka, pour que tout l'monde d'la place se mette à y dire qu'elle a c'que ça prend, c'qu'y faut, qu'elle l'a l'affaire... fait que elle avec, a s'met à s'dire qu'elle a c'que ça prend, ouain, pis qu'entre ça pis coudre des brassières le reste de ses jours pour la United Textiles,

peut-être que ouain, peut-être que ça vaut la peine de tenter sa chance, de faire c'qu'y faut... fait que...

BERNIE
Fait qu'a l'fait ?

SHIRLEY
Fait qu'a l'fait ! Pis a s'met à chanter dains bars pis dains brasseries devant des salles de saoulons parc' y paraît qu'y faut passer par là avant de faire ton disque, pis d'avoir ton programme à TV, pis ton Lincoln Continental blanc avec le p'tit bar en arrière, pis ton chalet trois étages dains Laurentides, sauf qu'au bout' de dix-sept ans, elle l'a toujours pas, son disque, fait qu'elle a rien de tout l'reste non plus, tout c'qu'elle a c'est... pis t'à coup a s'ramasse à trente-huit ans dans l'parking de l'hôtel de Moonbeam.

BERNIE
Moonbeam?

SHIRLEY
Moonbeam, Ontario.

BERNIE
C'est où Moonbeam, Ontario ?

SHIRLEY
C't'à vingt minutes de Kapuskasing.

BERNIE
C'est où Kapus/

SHIRLEY
C'pas important, Bernie.

Bernie
C'pas important ?

Shirley, *pointant le fusil*
C'est pas important, OK !

Bernie
OK OK. C'est pas important.

Shirley
L'important, c'est pas où il est le parking, c'est c'qu'y a d'dans, parc' sais-tu c'qu'y a d'dans Bernie ?... des pick-ups, toutes sortes de pick-ups, tout c'qu'y a c'est des pick-ups...

Bernie
... des pick-ups... ?

Shirley
Des pick-ups trucks. C'est un parking plein de pick-ups trucks avec des têtes d'orignaux su'es capots qui me r'gardent, qui me r'gardent, qui me r'gardent... pis j'ai trente-huit ans, pis y pleut, pis j'ai frette, pis... Oh... j'ai mal, Bernie... j'ai mal, j'ai mal, j'ai mal.

Pause.

Bernie
Là, m'a me retourner pis tu vas m'donner le fusil.

Shirley, *petite voix*
J'pense pas.

Bernie
Tu veux pas vraiment m'tirer.

SHIRLEY, *même voix*
Oui.

BERNIE
Pas vraiment.

SHIRLEY, *même voix*
J'pense que oui.

BERNIE
J'vas me r'tourner, là.

SHIRLEY, *même voix*
Fais-lé pas.

BERNIE
J'te ferai pas mal.

SHIRLEY, *même voix*
Fais-lé pas.

BERNIE
Tu vas juste me l'donner, OK ?

SHIRLEY, *même voix*
J'pas certaine de ça.

BERNIE
Je l'fais.

SHIRLEY
Hm.

BERNIE
Je l'fais, là.

Il se retourne en faisant un geste vers elle, lentement. Elle se ferme les yeux. Noir. Coup de fusil.

Longue pause.

En entrevue. Zach a baissé la tête.

ZACH

Mea culpa. Mea culpa. Mea maxima culpa.

Courte pause. Levant les yeux.

Je suis une brebis égarée dans un cul-de-sac dans le désert. Et je cherche la lumière... Ça vous donne-tu une p'tite idée de comme où c'est que j'suis ça là, là ?

Plus tard. Bernie regarde par le fenêtre. Shirley joue avec les morceaux d'un miroir.

SHIRLEY

Pas un chat ?

BERNIE

Non.

SHIRLEY

Pas un chat. Un gros câlice de coup d'fusil de même en plein après-midi, pis y'a personne dans l'bloc qui appelle la police ou, ou... Une fille se sent en pleine sécurité, hein ? C'est réconfortant. (*courte pause*) Un backfire. Y'ont dû penser que c'était un backfire.

BERNIE

Ça backfire p'us, les chars astheure.

SHIRLEY
Non ?

BERNIE
Fait des années.

SHIRLEY
C'est réconfortant.

Pause.

BERNIE
Sept ans d'malheur.

SHIRLEY
Dis-lé pas, dis-lé pas.

Pause.

On a-tu déjà couché ensemble ?

BERNIE
Ouain.

SHIRLEY
Y m'semblait aussi. Tu t'en rappelles un peu ?

BERNIE
Pas beaucoup.

SHIRLEY
C'est réconfortant.

Elle se plie en deux soudainement en douleur. La douleur se change en rire.

Ostie qu'on est ridicules... ridicules... avec nos p'tites chansons pis nos...

Le rire se change en douleur.

Bernie
Charlotte…

Shirley, *se redressant d'un coup sec*
Shirley !

Pause.

Bernie
L'affaire, vois-tu, c'est qu'on est là-d'dans ensemble.

Shirley
Ensemble ?

Bernie
Ensemble.

Shirley
Fuck you, ensemble.

Bernie
Ensemble, j'te l'dis. (*courte pause*) Faut leur remettre sept mille à soir, sans ça ces gars-là vont s'mettre à casser des bras… les miens…

Shirley
Tant pis.

Bernie
Ceux à Zach…

Shirley
Tant mieux.

Bernie
Les tiens.

SHIRLEY
Tant/ Comment ça, les miens ? Qui va leur dire, hein ? Qui ça qui va leur dire ?

BERNIE
Ton chum Zach.

Courte pause.

SHIRLEY
C'est réconfortant.

BERNIE
Zach va leur dire. Zach va leur dire tu-suite à part ça pour essayer de se sauver la peau.

SHIRLEY
Zach m'aime.

BERNIE
Ça, c'est vrai. Zach t'aime beaucoup. Mais ça l'arrêtera pas.

SHIRLEY
L'ostie d'chien sale.

BERNIE
Tu l'sais que j'ai raison.

Pause.

SHIRLEY
Y'en manque.

BERNIE
En manque... ?

SHIRLEY
Y'en reste p'us sept.

En entrevue.

ZACH
M'a vous dire comment j'vois ça. C't'eine affaire mentale. Ben mentale. C'est d'même j'vois ça. Cerveau... matière. Pis y'a un rapport. Pis l'rapport, c'est quoi ? L'attitude ! Faut que je change mon attitude. Un problème, c'est pas un problème pour celui qui a une attitude qui dit que c'est pas un problème. Moé, mon problème, c'est qu'un problème c't'un problème même si c'est pas un problème parc' mon cerveau pense problème, problème, problème, le jour où mon cerveau arrête de penser problème, problème, problème, le jour où mon mental, je l'accroche par le collet, j'y donne trois quatre claques dans face pis j'y dis : va jouer ailleurs, toé, avec ton « problème, problème, problème », c'est ce jour-là que j'en aurai pu d'problèmes. Mental ! C'est tout' mental !

Plus tard. Bernie tient le sac de papier kraft vide.

BERNIE
OK Shirley, fait que là... là, là. Le reste de l'argent, le trois mille qui devrait être icitte, que tu m'as dit qui restait... tu me l'donnes.

SHIRLEY
J'pense pas.

Pause.

BERNIE, *criant*
OK, C'T'ASSEZ, TABARNAK ! TU VAS ARRÊTER DE/

SHIRLEY
Crie pas.

BERNIE
CHRISS DE CÂLICE ! ON VA ARRÊTER D'NIAISER.

SHIRLEY
Crie pas, crie pas, crie pas. CRIE PAS !... Crie pas parc' c'est fini. C'est fini. T'a verras pas l'argent. T'a verras pas.

Pause.

BERNIE
J'viens de tout' t'expliquer... J'te l'ai expliqué...

SHIRLEY
La situation...?

BERNIE
Oui ! On est comme dans une situation icitte, là. Moé, j'veux pas être dedans. Toé, tu veux pas être dedans. Mais...

SHIRLEY
On est dedans.

BERNIE
On est dedans. J'ai aussi une solution.

SHIRLEY
Tu m'as expliqué ta solution.

BERNIE
Oui.

SHIRLEY
Pis j't'ai dit oui.

BERNIE
OK… Fait que…

SHIRLEY
J'vas être là avec l'argent.

Courte pause.

BERNIE
Tu vas te rendre aux courses ?

SHIRLEY
Oui.

BERNIE
Avec l'argent ?

SHIRLEY
Oui. (*courte pause, il vient pour continuer*) T'as pas l'choix.

Pause.

BERNIE
On peut-tu comme, t'sais, s'faire un peu confiance là icitte t'sais.

Shirley
Non. Non, on peut pas comme t'sais s'faire un peu confiance icitte, non. Est-ce que toi, tu m'as dit qui c'est qui t'donnait le nom du cheval ? Non. Non… Fait que non, on peut pas t'sais comme s'faire un peu confiance icitte, non. (*courte pause*) Non.

Salle de visite.

Zach
Quoi ?!… Un cheval ?… T'as pris quatre mille piasses de mon argent… MON argent… tu t'es payé du temps de studio d'avance pour faire ton disque, pis là c'qui t'reste… c'qui t'reste de MON argent… tu l'mets sur un cheval ?

Shirley
À soir.

Zach
À soir.

Shirley
Tantôt. Comme dains coup' d'heures.

Zach
C't'une idée de Bernie.

Shirley
Oui.

Zach
Pis tu vas croire Bernie ?

Shirley
Paraît que c'est garanti.

Zach
Paraît ?

Shirley
C'est garanti.

Zach
Bernie, c't'un fuck-up ambulant.

Shirley
J'pensais que c'était ton ami.

Zach
C'est mon ami, mais c't'un fuck-up ambulant pareil.

Shirley
Pis moé ?

Zach
Quoi, toé ?

Shirley
C'est-tu ça que tu penses que j'suis, moé avec ?

Zach
Hey, Babe... voyons... voyons...

Courte pause.

Shirley
On parle de pouvoir régler tous nos problèmes d'un coup, Zach.

ZACH
Non… non, non. C'est pas de ça qu'on parle. Veux-tu savoir de quoi on parle ? On parle de mes os ! De mes os, Shirley.

SHIRLEY
De tes os ?

ZACH
Oui, de mes os. Des os dans mes bras. Des os dans mes jambes. On parle de mon squelette. De mon squelette que j'aimerais… que j'aimerais garder intact. Comprends-tu l'concept ?… J'deal pas très bien avec la douleur pis la violence, OK. C'est comme j'ai ben d'la misère avec ça, OK. J'les évite à tout prix.

SHIRLEY
T'es pissou.

ZACH
Définitivement. Pissou ? Définitivement. Dans un sens. Pis j'vas t'expliquer un aut' affaire qui va avec ça. Face à la possibilité… ou comme qu'y disent l'éventualité, OK… l'éventualité que j'vas peut-être t'sais comme me faire sauter dessus par deux, trois gars d'bicyc' qui pèsent dains deux cent cinquante, trois cents livres chaque… j'panique. Comprends-tu l'concept ? C'est comme je stresse un peu… ?

SHIRLEY
Pis quand tu stresses…

ZACH
Quand je stresse…

Shirley
On sait pas c'que tu pourrais faire... Comme leur dire aux Hell's où c'qu'y pourraient me trouver, par exemple ?

Pause.

Zach
Par exemple.

Sonneries. Shirley se lève.

Shirley
Bye Zach.

Zach
Shirley...

Shirley
Bye.

Sonneries.

Acte III

Voix
And they're off!

Bruits des chevaux qui courent. Voix de l'annonceur en sourdine. Mireille vient rejoindre Bernie.

Mireille
Hey Bernie! Bernie! Ouououou oui! Y'a d'l'action à soir. Des dentistes. Y'a un congrès de dentistes en ville. Y'ont pas p'us rentrer au casino, sont tout' icitte. Ça va plomber la semaine prochaine pour refaire le cash qu'y vont perdre à soir, watch toé! Les drills, ça va marcher, j'te l'dis. DZZZ! Bonne, pas bonne ta dent... DZZZ! Cent piasses!

Claire apparaît.

Que c'est qu'a fait icitte, elle?

Claire, *montrant un ticket*
Je l'ai eu. Juste à temps. Hey Mi! La six to win.

Mireille
Bon choix. Bon choix.

Claire s'éloigne un peu pour regarder la course. Mireille regarde Bernie.

BERNIE
Mi, écoute...

MIREILLE
Tu y as pas dit, hein ?...Tu y as dit ?!

BERNIE
Mi...

MIREILLE
Shit !

BERNIE
Fais-toé z'en pas pour ça. A va t'nir ça mort comme moé.

MIREILLE
Shit !

BERNIE
Trust me, ostie.

MIREILLE
Tu m'as crossée, Bernie.

BERNIE
J't'ai pas crossée.

MIREILLE
Tu m'as crossée.

BERNIE
Arrête, j'tai pas crossée. Fallait j'y dise c'est tout', c'est compliqué pourquoi, mais fallait j'y dise OK.

Pause.

MIREILLE
Faut faire attention.

BERNIE
Je l'sais.

MIREILLE
C'est ma passe.

BERNIE
Je l'sais.

MIREILLE
Ma passe. Régulier comme, ça rentre régulier.

BERNIE
Je l'sais.

MIREILLE
J'compte là-d'sus. J'vis là-d'sus. Tu comprends-tu c'que j'te dis là icitte ?

Beeper.

BERNIE
C'est ton gars ?

MIREILLE
Faut j'aille téléphoner.

BERNIE
Mi, tout est cool, OK ?...

Mireille commence à s'éloigner.

Tu r'viens me voir icitte…

Mi sort.

On s'rencontre icitte.

Voix de l'annonceur : fin de la course.

VOIX
… and it's, et c'est… Martini Special ! Suivi de Love me do et de Blazzing Bee.

CLAIRE
J'ai gagné.

BERNIE
Encore ?

CLAIRE
Trente piasses.

BERNIE
Ça fait deux fois en ligne.

CLAIRE, *s'apercevant que Mi n'est plus là*
Est où ?

BERNIE
Ça s'passe. (*courte pause*) J'y vas.

CLAIRE
T'oublies pas ta promesse, hein ?

BERNIE
Non, non j'oublie/

CLAIRE
Mi, c'est ma chum pis/

Bernie
J'oublie pas, j'oublie/

Claire
J'veux qu'a sorte d'icitte avec assez d'argent pour son voyage. Si t'es pour y faire ça/

Bernie
A va avoir sa part.

Claire
C'pas toé qui étais là pour moé quand j'suis sortie de l'hôpital.

Bernie
Elle a sa part dans tout c'qui est au-d'sus du sept mille qu'y faut que j'apporte aux autres.

Claire
Plus' que sa part si y faut.

Bernie
Tout c'qui est au-d'sus du sept mille si y faut.

Claire
Tout c'qui lui manque pour son voyage. C'est pour ça que j't'icitte...

Bernie
Je l'sais.

Claire
Que j'suis venue.

Bernie
Je l'sais.

CLAIRE
OK.

Bernie rejoint Shirley au bar.

BERNIE
Ça s'passe.

SHIRLEY
J'te suis ?

BERNIE
Non, non, tu restes icitte. Faut pas que ma connexion me voie en train de t'parler. Tu comprends ça.

SHIRLEY
J'comprends ça. (*courte pause*) T'as vu qui est-ce qui est icitte ?

BERNIE
Qui ?

SHIRLEY
La folle qui fait du taxi chez nous. T'a connais. Mireille queque chose.

BERNIE
Oui, oui. J'l'ai vue.

SHIRLEY
Celle-là a fait pitié pis c'est vrai.

BERNIE
Tu restes icitte, OK ? Tu bouges pas.

Shirley
J'bouge pas.

Bernie
Je r'viens tu-suite.

Mireille revient vers Claire. Bernie arrive derrière elle.

Bernie
Pis ?

Mireille
Dans l'huile. Tu tombes bien, mon gars. A va rentrer à du dix pour un celle-là.

Bernie
C'est laquelle ?

Mireille
Wo. On commence pas une affaire icitte, right ?

Bernie
Promis.

Claire
Promis.

Bernie
Juré, craché. Laquelle ?

Courte pause.

Mireille
Lucky Lady.

Claire
Celle qui est à vingt-sept pour deux ?

Mireille
Oui, mais ça va changer un peu parc' Blue Moon, le favori, va faire le plein à trois pour deux, deux pour un, queque chose de même... Desert Star, on figure qu'a l'a une chance, c'est trois, quatre pour un, peut-être moins who knows... la quatre pis la sept sont comme pas d'dans, fait qu'y reste elle, la cinq, Lucky Lady, pis la trois pis la six... Tu m'suis ?

Bernie
Non.

Claire
Oui.

Mireille
Là, moé j'vas aller en mettre une partie tu-suite, toé t'attends.

Bernie
J'attends...?

Claire
Y nous reste quinze minutes.

Mireille
C'est ça, fait que t'attends... t'attends pour t'sais...

Claire
Oui.

Bernie
Oui, quoi ?

Mireille
J'mets un bout' tu-suite, Lucky Lady remonte, mais pas trop. Pas trop, trop tôt…

Claire
Tu veux pas vendre la mèche.

Mireille
Tu veux pas leur donner l'idée aux dentistes qu'elle a une chance, une trop grosse chance, entéka…

Claire
Tu veux que l'argent se répartisse…

Mireille
C'est ça.

Claire
Si Lucky Lady remonte trop vite…

Mireille
T'sais, mettons qu'a monte, comme là jusqu'à sept pour un d'un coup parce que j'mets c'que mon gars en bas m'a dit de mettre ben ça là, ça attire, tu vois-tu… c'est du miel pour les mouches, c'est du sang pour les vautours.

Claire
Tu veux que Lucky Lady remonte un peu mais pas trop.

Mireille
Jamais trop, jamais trop !

Claire
C'est pour ça que tu l'fais en deux coups.

Mireille
Des fois trois des fois si y faut.

Claire
On attend cinq minutes ?

Mireille
Dans cinq, c'est bon.

Mireille sort.

Claire
Ça l'air plus compliqué que ça l'est.

Bernie
Ah oui ?... Comment ça s'fait que...

Claire
... que j'connais ça ? Ma vie a pas commencé avec toé, t'sais.

Bernie
J'sais ben mais/

Shirley arrive.

Shirley
Hey Bernie, tu l'as-tu ?

Bernie
Qu'est-ce tu fais icitte ? J't'ai dit d'pas bouger.

Shirley
Tu t'en v'nais pas. Y reste pas grand temps.

Bernie
Oui mais j't'ai dit d'pas bouger.

Shirley
Tu l'as pas ?

Elle vient pour s'en aller.

Bernie
Je l'ai.

Shirley
Oui ?

Bernie
Donne-moé l'argent.

Shirley
Wo poney. Toé, donne-moé le cheval.

Pause.

Bernie
C'est quoi la deal ?

Shirley
Justement. Justement ! C'est quoi la deal ?

Bernie
Y'en a pas d'deal. Tu m'donnes l'argent. J'le gage. On gagne. Pis j'm'en va r'mettre c'que Zach doit avant minuit à soir. Pis tout' est cool.

Shirley
Pis l'extra ?

Pause.

BERNIE
L'extra... ?

SHIRLEY
Le profit. J'connais pas grand-chose à ça, mais je sais que si ton cheval rentre cinq pour un, avec mes trois ça fait quinze. Tu pars avec sept pour les autres, y'en reste huit. Où c'qu'y vont les huit ?

BERNIE
Oui, mais toé t'en as d'jà pris quatre. T'as d'jà quatre en avant.

SHIRLEY
Quels quatre ?

BERNIE
Les quatre t'as donnés à l'autre pour ton disque !

SHIRLEY
Compte pas.

BERNIE
Compte pas ?

SHIRLEY
Compte pas.

Pause.

BERNIE
Un tiers, un tiers, un tiers. Toé, moé, pis la personne qui m'a donné le cheval.

SHIRLEY
Cinquante cinquante. Tu t'arranges avec ta connexion.

CLAIRE
Dix minutes.

BERNIE
Joue pas au chicken avec moé, Shirley.

SHIRLEY
Ça j'fais.

CLAIRE
C'est ça qu'a fait.

Pause.

BERNIE
OK. Cinquante cinquante.

SHIRLEY
Le cheval ?

BERNIE
L'argent.

SHIRLEY
C't'à qui l'argent ? C't'à moé !... C't'à Zach mais c't'à moé pareil. Point final. C'est moé qui bet.

BERNIE
OK.

SHIRLEY
C'est moé qui/

BERNIE
C'est toé qui bet, oui. OK. (*courte pause*) Lucky Lady.

SHIRLEY
Lucky Lady, OK ! (*pause*) Comment qu'on fait ?

BERNIE
Quoi, comment qu'on fait ?

SHIRLEY
Comment on fait ça ?

BERNIE
Tu sais pas comment ?!

SHIRLEY
Fuck you Bernie « Tu sais pas comment ?! » fuck you, OK. J'sais pas. J'l'ai jamais fait'.

CLAIRE
Tu fais trois mille to win le numéro cinq dans sixième.

SHIRLEY
Le numéro cinq ?

CLAIRE
Lucky Lady c'est le numéro cinq.

SHIRLEY
Pourquoi j'y dis pas Lucky Lady ?

BERNIE
Parce que le gars qui prend ton bet s'en chrisse que ton cheval s'appelle Lucky Lady.

CLAIRE
C'qu'y veut, c'est les numéros. Le numéro du cheval, le numéro de la course.

BERNIE
C'est tout c'qu'y veut savoir.

SHIRLEY
Fait que le numéro cinq.

CLAIRE
Le numéro cinq dans sixième.

SHIRLEY
Dans sixième.

BERNIE
Tu l'as ?

SHIRLEY
Je l'ai.

Pause.

BERNIE
Quoi ?

SHIRLEY
J'ai mal au ventre.

BERNIE
Chriss.

SHIRLEY
Ça m'énerve. J'ai-tu l'droit d'être énervée ? Comme j'ai-tu l'droit ?

BERNIE
Chriss.

SHIRLEY
C'est bon ? T'es comme/ T'sais Lucky Lady comme c'est bon ?

BERNIE
C'est bon. C'est dans l'sac. Lucky Lady. Le numéro cinq dans sixième. Lucky Lady va gagner. On l'sait. C'est ça la passe. Mais faut que tu places ton bet, ostie. Tu places pas ton bet, t'as beau savoir qui va gagner, ça te donne rien. C'est comme faut le ticket. Le ticket ! T'as pas le ticket, t'as sweet fuck'all. Sweet fucking fuck'all.

Mireille revient vers eux.

SHIRLEY
Bon, la folle a nous a vus. A s'en vient.

BERNIE
Pis là tu l'fais. Maintenant ! Go !

Shirley croise Mireille.

MIREILLE
T'a connais, la Shirley ?

BERNIE
Ben oui.

MIREILLE
A fait pitié, celle-là, pis c'est vrai. (*courte pause*) Bon, c'est l'temps.

Bernie
Le temps...?

Mireille
Sors-lé ton cent.

Bernie
Le cent ?... Ah oui, le cent.

Claire
Je l'ai. J'y vas.

Claire sort.

Mireille
Ostie, j'suis niaiseuse.

Bernie
Hunh ?

Mireille
Pourquoi tu me l'as pas dit que c'était pour elle pis la p'tite ? J'aurais compris.

Bernie
T'aurais compris ?

Mireille, *posant sa main sur l'épaule de Bernie*
T'as l'cœur à bonne place, Bernie. T'as l'cœur à bonne place. T'as fucké ben des affaires dans ta vie mais ton cœur...

Bernie
Y'est à bonne place ?

MIREILLE
Oui !... 'Garde le big board, Bernie. 'Garde le big board. Claire sort d'icitte avec mille piasses, certain. Au moins mille parc' tu vois, Lucky Lady est à 23 pour 2 pis ça, ça bougera pas beaucoup même avec son cent parc' l'action... tu vois, ça change là, tu vois, tu vois... c'est les dentistes ça là, l'argent des dentistes, ça s'en va tout' pour la six ou pour le favori Blue Moon.

BERNIE
Tu vois ça, là ?

MIREILLE
Hey Bernie... c'est ton père qui m'a appris comment lire le big board.

BERNIE
Ouain ?

MIREILLE
Ouain. C'est ben important. Tu sais pas lire le big board...

BERNIE
Fait que si quelqu'un met un paquet t'à coup sur/

MIREILLE
Tu l'vois tu-suite.

BERNIE
Tu-suite ?

MIREILLE
Tu-suite, tu-suite ! Le temps que ça prend pour que le pari soit enregistré...

Shirley revient avec le ticket en main.

SHIRLEY
C'est fait' !

MIREILLE
... bang ! Ça apparaît su'l big board.

SHIRLEY
Comme une pro. J'ai fait' ça comme une pro.

Bernie lui fait signe de se taire.

MIREILLE
'Garde, ça change encore.

SHIRLEY
Ah chriss que c't'énervant.

BERNIE
Mi, écoute...

MIREILLE
Hey Bernie...

BERNIE
M'a t'expliquer.

MIREILLE
Hey 25 pour 2 !

SHIRLEY
25 pour 2 !?

Claire revient.

Mireille
Bernie m'a tout' expliqué.

Claire
Oui ?

Shirley
25 pour 2, ça veut dire... Chriss ! Ça veut dire que j'pourrais faire mon disque à Nashville si j'veux !

Bernie
Non, non, non... dépense-lé pas tu-suite, ça va baisser.

Mireille
Qu'est-ce qu'elle a d'affaire là-d'dans, elle ?

Shirley
Ben oui, 'gardons ça, ç'a changé.

Pause. Le temps que Mireille lise le big board et réalise ce qui se passe.

Hey, ç'a changé beaucoup hein ? (*pause*) 9 pour 2, ça veut dire...

Bernie
Moins que tu pensais.

Mireille, *bégayant*
Fa... Fa... Fa...

Bernie
Mi...

Mireille
Fa... Fa... Fa...

Claire
Mi…

Mireille
Pis fuck you too !

Shirley, *à Claire*
C'est-tu elle qui/

Claire
Oui.

Shirley
O ! Fuck.

Bernie
Laisse-moé t'expliquer la situation icitte.

Beeper.

Mireille
Sais-tu c'est quoi/ Ça, c'est la situation Bernie ! Ça, c'est la fa… fa… fucking situation !

Shirley, *à Bernie*
D'elle ? T'as eu le nom de not' cheval d'elle ?

Mireille
Sais-tu c'que tu m'fais, Bernie ? Fa… Fa…

Shirley
O ! Fuck.

Bernie, *à Shirley*
Quoi ? (*à Mireille*) Quoi ?

MIREILLE
Sais-tu c'que/ Comment m'a faire pour me rendre à ma montagne, là ?

SHIRLEY
Quelle montagne ?

CLAIRE
Celle en Arizona.

MIREILLE
Comment m'a faire ?

SHIRLEY
Arizona... ?

MIREILLE
J'avais un plan. J'te l'ai dit mon plan. J'avais un plan.

SHIRLEY
Qu'est-ce qu'y'a en Arizona ?

CLAIRE
Une montagne.

MIREILLE
Ma révélation.

CLAIRE
Sa révélation.

SHIRLEY
Sa révélation ?

BERNIE
Sa révélation.

Shirley
O ! Fuck.

Mireille
C'tait tout' planifié, mon plan. C'tait tout' planifié comme y faut. Fa... Fa...

Claire
A s'en va là pour se r'trouver.

Mireille
Me purifier !

Claire
Se purifier.

Shirley
En Arizona ?

Mireille
Su'l top d'une montagne en Arizona.

Shirley
C't'une farce ?

Mireille
C'pas une farce ! J'm'en vas là rêver mon totem pis danser avec le Grand Esprit ! Ça-tu l'air d'une farce, ça ?

Courte pause.

Shirley, *à Bernie*
J'viens d'mettre trois mille piasses sur un cheval choisi par une freak du New Age qui veut aller danser avec le Grand Esprit ?

Bernie
A l'a une connexion.

Shirley
Avec qui ? Un des chevaux ?

Mireille
Tu ris-tu de ma révélation, toé-là ? Ris pas de ma révélation. Tu ris de ma révélation, j't'arrache la moitié d'la face !

Shirley
Qui ça ? Toé ça ?

Claire
Zach.

Shirley
Zach ?

Zach entre, se dirige vers Shirley.

O ! Fuck !

Zach
Donne-moé mes trois mille.

Bernie
Zach !? Tabarnak que c'est/

Zach
Toé, attends ton tour ! J'règle ton cas après.

Bernie
Comment t'es sorti ?

Zach, *en claquant des doigts*
Comme ça !

Bernie
T'es fou...

Zach
Pour moé, y savent même pas que j'suis parti encore.

Bernie
Y vont/

Zach
Y vont : rien. J'y r'tourne à soir. Pouf ! I'm gone ! Pouf ! I'm back !

Bernie
Chriss...

Zach
J't'un génie, ostie ! (*à Shirley*) Là, j'veux mes trois mille ! Après ça, on s'en va chercher mes quatre chez l'gars du studio.

Shirley
C'est trop tard.

Zach
Non, non, c'est pas trop tard. J'vas y parler dans l'blanc des yeux. Y va les cracher.

Shirley
J'parle pas des quatre.

Bernie
A parle des trois.

Zach
J't'ai dit d'attendre ton/ Qu'est-ce tu veux dire, mes trois ? Où c'est qu'y sont/ (*à Shirley*) Où c'est qu'y sont, mes trois ?

Claire
Tes trois sont sur Lucky Lady dans prochaine à 9 pour 2.

Pause. Shirley lui montre le ticket.

Zach
9 pour 2, ça veut dire...

Bernie
Assez. En masse.

Zach
Ostie Bernie, man...

Bernie
Zach...

Zach
Bernie...

Bernie
Zach, c'est dans l'sac...

Zach
Bernie...

Bernie
On l'sait qu'a rentre...

Zach
Bernie...

BERNIE
On a une connexion…

SHIRLEY
Ouain, avec un cheval.

MIREILLE
Fuck you.

SHIRLEY
Fuck you.

BERNIE
Zach, ça va marcher. (*à Shirley*) Hein Shirley, ça va marcher ?

SHIRLEY
Fuck you.

BERNIE
Mi !? Ça va marcher, hein Mi ?

MIREILLE
Fuck you.

Pause.

BERNIE
Mi !… Ta connexion est bonne, est pas bonne ?

MIREILLE, *vers Shirley*
Est bonne, ma connexion !

SHIRLEY
Ouain, ouain ben bonne. C'est sûr ! Les Esprits ne mentent jamais.

Bernie
Ça fait comment longtemps tu fais ça ?

Mireille
Un an.

Bernie, *à Zach*
Tu vois. (*à Mireille*) Ça marche, ça marche pas ?

Mireille
Ça marche.

Bernie
C'tune bonne passe ?

Mireille
Clean. Low key.

Bernie, *à Zach*
Tu vois. (*à Mireille*) Régulier ?

Mireille
Régulier.

Bernie, *à Zach*
Tu vois. C'est garanti cent pour cent. (*à Mireille*) Hein, c'est garanti cent pour cent ?

Mireille
Quatre-vingts.

Pause. Tous la regardent.

Bernie
Cent pour cent.

MIREILLE
Quatre-vingts. (*courte pause*) Soixante et quinze, quatre-vingts.

BERNIE
Fuck you, quatre-vingts.

MIREILLE, *à Shirley*
T'as joué to win ?

SHIRLEY
Le numéro cinq dans sixième to win.

MIREILLE
Soixante-dix, soixante et quinze.

BERNIE
Fuck you, soixante-dix.

MIREILLE
Pourquoi tu penses j'ai jamais mis l'gros motton, que j'y allais p'tit peu par p'tit peu, que j'avais un plan ?

BERNIE
Fuck ton plan !

Pause. Tous le regardent. Bernie baisse la tête.

ZACH, *à Shirley*
J'te l'avais dit : un fuck-up ambulant. Tu m'as-tu écouté ? Non. Tu vois, tu devrais toujours m'écouter.

SHIRLEY
Toujours ?

Zach
Toujours.

Shirley
Toujours. Ouain, toujours. Parc' toé tu m'bullshit jamais, c'est ça. Toé tu m'mens jamais, c'est ça.

Zach
Quand j'te mens, Shirley, tu sauras que c'est toujours pour ton bien.

Shirley
Pour mon bien ?! Pour mon/

Claire
La v'là !

Shirley
Qui ?

Claire
Lucky Lady.

Shirley
Où ?

Bernie
Là.

Claire
La noire.

Shirley
La noire ?

Mireille
La noire. Là, en avant.

Pause.

Zach
C'est celle-là ? La numéro cinq ?

Claire
C'est celle-là.

Pause.

Bernie
C'est la plus belle.

Zach
C'est vrai qu'est belle.

Shirley
Ben belle... Ben belle.

Courte pause.

Mireille
C'est d'valeur que c'pas un concours de beauté, hein ?

Shirley
Fuck you.

Mireille
Fuck you.

Claire
Mi...

MIREILLE
Pis fuck you too.

CLAIRE
Mi…

MIREILLE
Fuck you too, fuck you too, fuck you too, you you too too too fuck !… Tu l'savais qui m'crossait. Toé !? Toé !? Pis…

CLAIRE
Mi, tu t'en vas.

MIREILLE
J'm'en vas où ?

CLAIRE
En Arizona.

ZACH
En Arizona ?

SHIRLEY
En Arizona.

MIREILLE
Ben non, justement. Justement ben non.

CLAIRE
Tu t'en vas en Arizona, demain.

MIREILLE
Demain ?

CLAIRE
Demain. Si tu veux : demain.

Mireille
Ben non, pas demain. Peut-être jamais. Probablement jamais.

Claire
Demain.

Mireille
Y'm'en manque, j'ai pas c'qu'y m'faut. Pis là, j'ai p'us ma passe, pis sans ma passe…

Bernie
T'en auras p'us besoin d'passe avec l'argent que tu vas faire à soir si on gagne.

Mireille
Quel argent ?

Claire
T'as une part. T'as une part dans course. Là.

Mireille, *courte pause*
Là ?

Claire
Là, là. T'as une part.

Zach
Une part ? Quelle part ?

Bernie
Not' part !

Zach, *à Shirley*
Y'ont une part ?

BERNIE
Oui, on a une part.

MIREILLE
Une part ? J'ai une part ?

CLAIRE
Lucky Lady gagne à soir... avec ta part, y t'en manque p'us. Lucky Lady gagne à soir... demain, si tu veux, demain... T'es sur la route !

BERNIE
Sur la route !

CLAIRE
Pis dans quat' jours, tu retrouves tes ancêtres su'a montagne !

BERNIE, *à Claire*
Quels ancêtres ?

MIREILLE
Ah ! Faut qu'on gagne !

ZACH
Faut qu'on gagne, certain.

BERNIE
On va gagner !

SHIRLEY, *courte pause*
J'veux ravoir mon trois mille.

VOIX
Ils entrent à leurs postes.

CLAIRE
Trop tard.

VOIX
They are heading into their gates.

BERNIE, *à Claire*
Où tu vas ?

CLAIRE
Ça commence. J'veux une bonne place en bas. Vous voulez rester icitte, restez. (*courte pause*) Hey ! Écoutez. C'est fait'. C'est fini. L'argent est gagé. Les dés sont lancés. Y'a pas de revenez-y.

Pause.

SHIRLEY, *à Mireille*
On peut encore gagner ?

MIREILLE
Certain qu'on peut gagner.

BERNIE
On va gagner !

Courte pause.

SHIRLEY
Allez-y, j'vous r'joins.

Zach se met dans son chemin.

ZACH
Tu descends avec nous autres.

Shirley
J'ai mal au ventre. J'm'en va m'chercher un drink, j'arrive.

Même jeu.

Zach
Pas avec le ticket, tu t'en vas nulle part avec le ticket. Le ticket reste avec nous autres. Passe moé l'ticket.

Shirley
Hun, hun… (*non, non*)

Zach
Le ticket, Shirley…

Pause. Tous la regardent.

Shirley
La confiance règne. C'est réconfortant.

Bernie
Tu l'blâmes-tu ?

Zach tend la main.

Shirley
Pas toé. (*indiquant Claire*) Toé.

Claire
Moé ?

Shirley
Elle. Elle a tient l'ticket.

Shirley donne le ticket à Claire.

Voix
Ils sont maintenant à leurs postes ! They are now at the gates !

Bernie
Let's go !

Ils courent se trouver des places. Shirley va dans une autre direction.

Zach
C'est fait' !

Claire
C'est ça.

Zach
C'est do or die, get down !

Claire
C'est ça.

Zach
Get down !

Mireille
Icitte ! Icitte ! Y'a d'la place icitte !

Bernie
Hey Claire, c'tait quoi l'histoire tantôt de ses ancêtres à elle ?

Claire
Son père, c'tait un sorcier indien.

ZACH
O ! Le rush !

BERNIE
Son père ? Son père s'appelait Gino, c'tait un Italien.

ZACH
Le rush !

CLAIRE
Gino ?

BERNIE
Ouain, Gino. J'm'en rappelle parc' sa mère s'appelait Ginette.

ZACH
Ou ou ou oui ! Sens-lé. Tu l'sens-tu mon Bernie ? Sens-lé. J'aime ça.

BERNIE
T'aimes ça ?

ZACH
J'aime ça. C'est fou ! J'aime ça.

BERNIE
Hey Claire... Claire... tu prends tout'. (*courte pause*) L'argent, j'parle d'l'argent, d'l'argent qui me r'vient si on gagne. J'en veux pas. J'veux dire... c'que j'veux dire c'est... c'est que tu l'prends pour toé pis Carinne, OK ?

Courte pause.

CLAIRE
OK.

Bernie
OK.

Claire
OK mais ça veut rien dire… on est clair là-d'sus ?… Si j'le prends, ça veut pas dire ci ou ça ou/ Ça t'donne aucun droit, aucun droit sur elle, sur moé/

Bernie
Je l'sais, je l'/

Claire
Ça veut rien dire, rien, rien pantoute. Ça veut même pas dire que j'veux te r'voir.

Bernie
Tu veux pas me r'voir ?

Claire
J'ai pas dit ça, j'ai pas dit ça, j'ai juste dit/

Sonneries.

Zach
Let's rock !

Zach vole le ticket des mains de Claire.

Claire
Hey !

Voix
And they're off !

Pendant la course, nous entendons constamment le bruit sourd des chevaux qui courent. La voix de l'annonceur apparaît, disparaît, revient. Quand elle n'est pas là, nous sommes soit en « temps réel », ou « dans la tête » d'un des personnages.

MIREILLE, *en faisant le signe de la croix*
Madonna mia ! Madonna mia ! Madonna mia !

ZACH, *embrassant le ticket*
Go Lady Go !

MIREILLE
Ayez pitié de nous Seigneur, sacrament !

VOIX
Au départ c'est Belle de Jour à l'intérieur devant Rock n'Roll, Desert Star et Lucky Lady. À l'extérieur : Blue Moon, Sunset et Sarah's Pearl...

BERNIE
Ça va marcher, Claire ! Ça va marcher ! Je l'sens !

MIREILLE
Envoye, ostie ! Envoye, ostie ! Envoye, ostie !

VOIX
C'est Belle de Jour toujours en tête suivi de Rock n'Roll. Lucky Lady a pris troisième de Desert Star à l'intérieur...

BERNIE
Oui ! 'Garde-la ! 'Garde-la ! 'Garde-la !

ZACH
Go Lucky Lady, Lady Luck, Lady da lay, lay, lay, lay ! Make my day ! Oui !

Voix

Et au tournant du Club House en 24 c'est : Belle de Jour, Rock n'Roll, Lucky Lady, Desert non ! Blue Moon, Desert Star, Sunset et toujours au fond Sarah's Pearl...

Claire

Un gars a l'droit à sa chance, c'est ça que tu t'dis, hein Bernie ? Hein Bernie, c'est ça que tu t'dis ? J'aimerais ben ça l'croire, moi aussi. J'aimerais ben ça.

Voix

À l'intérieur, c'est Rock n'Roll. Derrière elle : Belle de Jour neck to neck with Lucky Lady for second.

Shirley revient.

Shirley

Où c'qu'a l'est ? Où c'qu'a l'est ? Où c'qu'a l'est ?

Claire

En deuxième.

Shirley

Oui ! Nashville here I come !

Voix

... Pushin' hard Blue Moon comin' in on Lucky Lady for second et...

Shirley

Tu m'gagnes celle-là, Lucky Lady, pis j't'écris une toune, la plus belle toune sacrament qui/ une balade, une belle balade douce, douce, douce et...

Voix

... et Blue Moon la dépasse ! Toujours à l'extérieur !...

Shirley
Fuck you Blue Moon OSTIE D'CÂLICE !

Voix
… Arrivent au grand tournant à une et dix : Rock n'Roll, Blue Moon, et Lucky Lady avec deux longueurs d'avance sur Belle de Jour, Desert Star et…

Mireille
Faut qu'on gagne, faut qu'on gagne, faut qu'on gagne…

Voix
Blue Moon moves into the inside Lucky Lady at her tail…

Mireille et Shirley
Faut qu'on gagne…

Voix
… lookin' for the lead…

Mireille et shirley
Faut qu'on gagne…

Voix
… pushin' hard midway into the turn it's…

Mireille et Shirley
Faut qu'on gagne !

Voix
… c'est Blue Moon en tête…

Shirley
Fuck you Blue Moon OSTIE D'CÂLICE !

MIREILLE
On va perdre ! On va perdre, on va perdre...

VOIX
... et Rock n'Roll tombe en troisième...

MIREILLE
On va perdre. Je l'sais qu'on va perdre. Je l'sais, je l'sais, je l'sais. (*se frappant le front*) Ostie, j'suis niaiseuse ! J'avais ma passe ! J'avais mon plan ! J'avais tout' ! Ostie !!!

ZACH
OK, là, là, Lucky Lady... là, là, j'aime l'intensité, j'aime le trip, j'aime le thrill... mais là, là, pèse su'l gaz, chriss !

BERNIE, *au ciel*
J't'un sale. J't'un fucké. J't'un tout croche. On peut-tu s'parler ?

VOIX
Et outta the turn headin' home : Blue Moon, on her tail Lucky Lady gain' outside for the stretch cuttin' Rock n'Roll with Desert Star lookin' for third...

ZACH
Go Lady Go !

SHIRLEY
Go ! Go ! Go !

CLAIRE
Go !

BERNIE
C'que j'ai fait', j'l'ai fait' pis je l'sais que tu l'sais. T'étais là, tu m'as vu, t'as tout' vu !

TOUS SAUF BERNIE, *bas*
Go Lady go !

VOIX
Et maintenant Lucky Lady alongside the lead Blue Moon tente de prendre la première position...

TOUS SAUF BERNIE, *bas*
Go Lady go !

BERNIE
J'te demande rien pour moé ! Pas une cenne ! Pas une miette ! On s'comprend là-d'sus là hein ?!

TOUS SAUF BERNIE, *bas*
Go Lady go !

VOIX
Desert Star in the back takin' Rock n'Roll for third now three lengths behind the leaders...

TOUS SAUF BERNIE, *bas*
Go Lady go !

BERNIE
C'est tout' pour la p'tite ! Tout' !

TOUS SAUF BERNIE, *bas*
Go Lady go !

VOIX
We're comin' down to the wire et c'est Blue Moon encore qui mène de peu...

Bernie, *au ciel*
Pour une fois, OK ? OK pour une fois ? OK. J'fuck pas !?

Voix
… Et c'est… !!!

Bernie
OK !?

Voix
It's… !!! … a photofinish at the wire ! Too close to call. Il va falloir attendre la décision des juges ! Quelle belle course ! What a race ! Gardez vos billets, s'il vous plaît. Keep your tickets, please !

Pause.

Bernie
C'est pas vrai ?!

Pause.

Shirley
M'a mourir.

Pause.

Zach
Ououou…

Claire
Iiiiihh…

Courte pause.

Mireille
On a perdu. C'est Blue Moon.

Tous
Chriss d'ostie/ Fuck you !/ Tais-toé !

Courte pause.

Claire
Une TV. Faut r'monter en haut pour voir ça à TV.

Bernie
OK, let's go.

Ils se déplacent.

Mireille
C'est Blue Moon.

Bernie
Tais-toé.

Ils se déplacent.

Mireille
Ça arrive des fois que ça fuck, t'sais. J'te l'ai dit, ça arrive.

Bernie
Tais-toé.

Ils arrêtent devant un téléviseur.
Pause.

Zach, *bas*
Hey, Shirley... (*lui montrant le ticket*)

Shirley
Qu'est-ce tu fais avec ça ?

Zach, *bas*
Shsh. Viens icitte.

Shirley
J'te l'ai pas/

Zach, *bas*
Viens icitte.

Shirley, *bas*
Chriss, r'donne/

Zach
Shshsh. Si c'est Lucky Lady qui gagne, emmène-les au bar, moé j'vas ramasser l'argent, toé tu m'rencontres dans l'parking.

Mireille
Y'a mille affaires qui peuvent se passer pendant une course.

Bernie
Tais-toé.

Shirley
J'veux l'ticket.

Zach
Shirley, c'est quatorze mille ça icitte.

Mireille
Peut-être que le jockey sur Blue Moon s'est déjà fait crosser par/

BERNIE
Tais-toé. J'te jure si t'arrêtes pas de/

VOIX
Et le résultat final de la sixième.

SHIRLEY
R'donne-moé le ticket, Zach.

ZACH
Quatorze mille ! Fuck'em !

VOIX
The final result of the sixth race...

BERNIE
Donne-moé-la.

ZACH
Tu voulais un disque ? Pense à ton disque. Avec ça, tu vas chercher le meilleur studio, les meilleurs musiciens et ! et surtout ! tu gardes le contrôle. Comprends-tu l'concept ?

VOIX
Confirmé par les juges après examen de la photo à la ligne d'arrivée...

SHIRLEY
Donne-moé l'ticket, Zach.

ZACH
J'pense pas.

SHIRLEY
J'pense que oui...

Voix
Confirmed by the judges after examining the photo at the finish-line…

Shirley
J'ai décidé de garder l'contrôle comme t'as dit, pis j'ai appelé la police pour leur dire que t'étais icitte.

Courte pause.

Voix
C'est… it's…

Shirley
Comprends-tu l'concept ?

Voix
… Lucky Lady by a nose, Blue Moon en deuxième et Desert Star en troisième…

Cris de victoire de Claire et Mireille. Silence.

Bernie, *profondément étonné*
J'ai pas fucké. Hey… j'ai pas fucké.

Longue note rauque et blues d'harmonica. Noir.

Blazzing Bee to Win

Au printemps de 1990, le Théâtre Niveau Parking présentait *Passion «fast-food»*. Le concept de ce spectacle consistait à proposer un théâtre à la carte. Nous avions demandé à une douzaine d'auteurs de nous écrire une courte pièce durant entre dix et vingt minutes. Chaque pièce était préparée dans deux ou trois versions différentes et la distribution était interchangeable ; nous avions donc une trentaine de versions possibles en réserve, soit six heures de spectacle en tout. À l'intérieur des deux heures que durait la représentation, le public pouvait, par l'entremise d'un maître de cérémonie, choisir les pièces qu'il désirait voir dans les versions et avec la distribution de son choix. Chacune des soirées était donc un événement unique.

Si l'une des ambitions de cette festivité théâtrale était de sensibiliser le spectateur au rapport entre le texte, la mise en scène et l'interprétation, l'autre était de lui permettre de découvrir la dramaturgie québécoise contemporaine. C'est ainsi que, par cet exercice, on pouvait entrevoir les différents univers, les diverses écritures de plusieurs auteurs qui n'ont quasiment jamais été joués sur les scènes de Québec.

Lors des quatre séries de représentations de *Passion «fast-food»*, un texte, notamment, soulevait toujours beaucoup d'enthousiasme et de sympathie: il s'agissait de *Blazzing Bee to Win* de Jean Marc Dalpé. Un vieil homme dans un fauteuil roulant (Albert), accompagné de son «fils spirituel» qu'il avait tiré de la misère et à qui il avait tout appris (Gerry), amenait pour la première fois sa fille (Johanne) au champ de courses. On apprenait assez vite que cet homme avait passé toute sa vie à l'hippodrome, espérant toujours gagner «le» tiercé. Désormais veuf, il venait de vendre sa maison pour acheter un petit logement dans une résidence pour vieux. Toutefois, Albert avait décidé de jouer toute la somme sur un cheval: Blazzing Bee. Le gros coup de sa vie, il le tenait, là, entre ses mains, avec l'argent de ce qui représentait toute une existence de privations. Cependant, en raison de la maladresse de Gerry, le secret est éventé, ce qui entraîne la révolte de Johanne, et une tension extrême entre le père et la fille. La course commence, le rêve va-t-il enfin se réaliser? C'est dans ce climat qu'avait lieu la course et, contre toute attente, Blazzing Bee l'emportait.

Les spectateurs s'attachaient énormément à ces personnages mal embouchés au cœur immense. Cette langue sous-prolétarienne, avec son rythme syncopé, à mi-chemin entre le joual et le jargon des courses, étonnait et séduisait beaucoup le public. Le suspense de la course, qui faisait monter la tension dramatique jusqu'à la dernière seconde, créait une grande excitation. Finalement, la victoire récompensait tous les efforts que les spectateurs avaient investis avec les protagonistes dans leur lutte frénétique contre la Fortune. Soir après soir, la magie de cette courte pièce opérait.

D'autre part, les acteurs adoraient manifestement jouer ce texte. Bien sûr, à cause de ce qui est mentionné plus haut, mais aussi parce qu'il s'agissait de personnages riches, généreux et pleins de contradictions. Et c'est l'attrait conjugué des acteurs et des spectateurs pour *Blazzing Bee to Win* qui nous a poussés à demander à l'auteur s'il accepterait d'écrire une pièce plus longue sur le même canevas. C'est ainsi qu'à commencé le projet de *Lucky Lady*.

Lucky Lady

Très rapidement, il est apparu qu'au lieu d'allonger simplement la pièce, il voudrait mieux l'enrichir d'autres éléments. Jean Marc Dalpé et moi nous sommes mis d'accord sur ce que nous voulions conserver de *Blazzing Bee to Win* : la langue, rapide et percutante, la classe sociale des protagonistes, un personnage dans un fauteuil roulant, l'univers des chevaux, la course, le suspense et le happy end. Il y avait là, nous semblait-il, matière à monter une bonne comédie dramatique.

Au gré des discussions, d'autres éléments vinrent s'ajouter au matériau, notamment la musique country : à cause des chevaux, peut-être, la seule musique qui me venait en tête quand je pensais à la pièce était le country. Cette idée plut à Jean Marc parce qu'il pensait situer l'action de sa pièce quelque part dans le nord de l'Ontario et que le country y est la musique la plus populaire. En fait, le country est au nord ce que le blues est au sud. L'autre élément à prendre particulièrement en compte était l'argent : si tout devait déboucher sur une course, il fallait que chaque personnage mise gros, le tout pour le tout, même si la perte de la mise pouvait avoir des conséquences funestes. Il fallait que le sort de cinq vies dépende d'un cheval.

Une chanteuse country, un gars dans un fauteuil roulant, de l'argent, des chevaux, une course, du suspense et un *happy end*. C'est avec toutes ces données en poche que Jean Marc Dalpé s'est attelé à la tâche.

Un mot sur le *happy end*

Fallait-il que les personnages gagnent ou perdent la course ? Après discussion, la victoire nous est apparue comme le dénouement le plus intéressant. Au cours des représentations de *Blazzing Bee to Win*, plusieurs personnes nous avaient signalé à quel point ils étaient heureux de voir ces trois personnes si peu favorisées par l'existence gagner la course ; combien cela leur plaisait que la pièce soit généreuse envers ses personnages. Bien qu'on soit toujours sensible à de tels commentaires, ce n'est pourtant pas l'avis du public qui a déterminé notre choix en dernière instance.

La raison pour laquelle nous avons décidé de conserver la victoire finale est venue du constat suivant : dans la dramaturgie québécoise contemporaine, il est bien rare qu'une pièce s'achève sur une ouverture. La mort, la défaite, la désillusion sont très présentes dans notre théâtre, comme si chaque pièce devait s'abolir dans la défaite d'un de ses personnages, comme si elle ne devait engendrer rien d'autre, après la chute du rideau, que son propre néant. Bien sûr, le théâtre a pour fonction de nous faire prendre conscience de l'horreur du monde et de la petitesse de nos vies, mais s'il doit nous inviter à réfléchir, il peut aussi nous aider à vivre. Il va sans dire que l'un et l'autre de ces aspects ne sont pas incompatibles, ils coexistent. Cependant, de façon générale, notre dramaturgie a quelque chose de plutôt désespéré. C'est comme si, quoi que l'on puisse écrire, il n'y avait jamais d'issue possible.

Peut-être est-ce dû au fait que notre psyché canadienne-française se porte plutôt mal, que nous sommes inquiets de la précarité de notre existence collective ; peut-être aussi est-ce une réaction contre la sirupeuse esthétique populiste américaine – dans laquelle nous baignons depuis notre enfance –, où tout se termine toujours pour le mieux. Tout est si prévisible dans cet univers du prêt-à-regarder américain ! Sans oublier l'influence considérable de toute la dramaturgie européenne d'après-guerre, de ces immenses écrivains à la lucidité tragique. Peut-être, réagissant à tout cela, avons-nous balayé la générosité, le rire, la joie et la lumière de notre création dramatique. Bien sûr, il s'agit davantage d'une perception que d'une analyse détaillée, mais au vu de la programmation de nos théâtres de création, il me semble que l'angoisse est très souvent au rendez-vous, et que s'il est légitime que cette émotion habite nos scènes, il est également bien qu'elle n'occupe pas toute la place puisque, dans l'extrême richesse de la vie, l'angoisse est une émotion parmi d'autres.

Cette tendance va peut-être encore un peu plus loin, et je reviendrai ici sur nos voisins du Sud. Le cinéma et la télévision sont les plus puissantes références identitaires de la société américaine ; ils ont formé l'âme de la nation en créant une mythologie proprement américaine (et ce n'est pas par hasard que l'on s'acharne tant à exporter tous ses films à travers le monde). Entre le navet et le chef-d'œuvre, il y a une infinité de films qui ont pour thème le *self-made man*, le *lonesome cow-boy*, le seul-contre-tous, le *winner*, bref, le héros américain. Si bien que cette vision des choses finit par imprégner toutes les consciences qui habitent sous le 49e parallèle.

Tout ce qu'on nous donne à voir et à entendre forme

notre âme, d'autant plus lorsqu'on est en état de réceptivité, en tant que spectateur. Et si l'impuissance, le désarroi, la défaite et l'angoisse se dégagent toujours de notre théâtre, cela n'est peut-être pas sans effets. Il n'est pas dans mes intentions de critiquer les grandes tendances de notre dramaturgie, mais au contraire d'essayer d'y réfléchir posément.

En préservant ce dénouement pour *Lucky Lady*, en donnant une chance à des personnages que l'on donne dès le départ pour perdants (même si, au fond, on sait bien qu'ils gaspilleront leur argent très rapidement), en bouleversant le schème mental du spectateur, convaincu que « ça va mal finir », il s'agissait presque d'une prise de position politique, tout au moins d'une décision de politique artistique.

Ici s'achève la parenthèse sur ce *happy end*.

Écrire *Lucky Lady*

Alors que le projet en était encore à ses débuts, un autre intervenant est venu s'y ajouter. Robert Bellefeuille, directeur artistique du Théâtre de la Vieille 17 (dont Jean Marc Dalpé est l'un des fondateurs), nous offrait de coproduire le spectacle. Il fut alors entendu que deux comédiens viendraient d'Ottawa et trois de Québec. L'auteur devait alors écrire pour une distribution précise, ce qui représentait à la fois un avantage (écrire en fonction de personnages précis), et un inconvénient (le choix des comédiens était arrêté). Il n'était donc plus question d'avoir un homme dans la cinquantaine comme dans *Blazzing Bee to Win*, tous les personnages se situaient désormais aux alentours de la trentaine.

Il a tout de suite été convenu avec Jean Marc Dalpé qu'il devait autant que possible s'en tenir à cette distribution mais que, si le travail d'écriture devait l'entraîner dans d'autres voies, il serait toujours possible d'apporter des modifications. II était clair pour tout le monde que l'auteur répondait à une commande, mais que c'était sa pièce, et non de celle des deux compagnies ou des cinq comédiens. Chaque partie devait assumer les risques inhérents à ces conditions.

L'étape suivante a été celle d'un atelier de travail d'une durée de deux semaines. Durant cette phase, il n'existait qu'une ébauche de personnages et de situations (presque rien de concret n'est d'ailleurs resté de ce travail) ; le plus important était que l'auteur puisse se rendre compte du rythme et de la personnalité de chaque comédien.

La rédaction de la pièce s'est étendue sur deux ans et a effectivement entraîné des changements dans la distribution, dont le principal concernait le personnage de Claire. Au début du travail, on comptait cinq personnes âgées de trente-cinq à quarante ans. Or, la nécessité est apparue de donner un contrepoint à cette génération sans cesse à la poursuite d'inaccessibles rêves. Il fallait quelqu'un de plus jeune, qui serait à peine sorti de l'adolescence, aux alentours de dix-neuf ans, un personnage d'une autre génération, de celle qui n'a ni rêves ni déceptions, qui lutte au jour le jour pour s'assurer le nécessaire. Cette personne serait à la fois la plus jeune et la plus terre-à-terre, la plus sage, afin là encore de créer un contrepoint à la folie de la course. Même si cela entraînait certaines complications, une nouvelle dynamique bénéfique s'installait dans la pièce.

Un an après l'atelier, nous avions en main le premier jet de l'auteur. Le metteur en scène est très peu intervenu durant cette phase de l'écriture. Il était important que Jean Marc Dalpé écrive d'abord sa pièce ; je ne devrais intervenir qu'ultérieurement. De cette façon, nous partions de quelque chose qui existait et qui restait à bonifier, et non d'un travail en formation qui ne pourrait que prêter le flanc à des jugements prématurés.

En juin 1994, nous donnions enfin une lecture publique de *Lucky Lady* dans le cadre du Carrefour international de théâtre de Québec. Cet essai confirmait que la pièce se tenait et devait nous montrer qu'elle connaissait un bon accueil auprès du public. Il ne s'agissait plus dès lors que de rassembler tout ce qui restait encore à l'état d'ébauche dans cette première version. La collaboration entre l'auteur et le metteur en scène a alors commencé.

Je trouve toujours que c'est une chance, pour un metteur en scène, que de participer à l'élaboration d'une pièce. On a ainsi l'occasion de la connaître dans ses fondements, ce qui n'est pas toujours possible avec la pièce d'un auteur disparu ou inaccessible. Un auteur présent peut répondre à nos questions, ou du moins apporter des éléments de réponses et, s'il n'y parvient pas, il peut toujours retourner à sa table de travail pour noter la réponse quelque part dans le texte. Car c'est en posant des questions et en essayant d'y répondre que nous nous sommes éclairés mutuellement.

Peut-être est-ce dû au fait que j'écris moi-même mais, quand je monte une pièce – à plus forte raison quand il s'agit d'une création –, je suis aussi attentif à l'écriture qu'à la mise en scène. Pour moi, il est important que chaque personnage ne finisse pas une scène comme il l'a commencée ; il est tout aussi important que chacun apporte quelque chose aux autres, qu'il ait pour eux une résonance sur quelque plan que ce soit, comme complément, contrepoint, ou contradiction, et ce, même s'ils n'ont pas de scènes communes. En cours de travail, il m'arrivait de tomber sur des « trous », des zones d'ombre ; après discussion, je suggérais alors la direction vers laquelle je pensais que le personnage pourrait aller à ce moment-là. Jean Marc en prenait note, retournait au texte puis revenait avec ses propres corrections.

Un autre des plaisirs de cette collaboration fut de voir la façon dont travaillait Jean Marc Dalpé. Si j'avais à le définir, je dirais que c'est un écrivain auditif, en ce sens qu'il écrit à l'oreille. Il entend d'abord des rythmes, des répliques, une musique. Il a écrit *Lucky Lady* en tapant du pied ! Au début, il n'écrit que de petits bouts de scènes. Par la suite, il les colle comme on essaierait d'assembler les pièces d'un casse-tête sans connaître l'image finale. Ces bribes de texte appellent d'autres répliques, d'autres scènes, et c'est ainsi que, peu à peu, il structure toute sa pièce. On pourrait aussi dire qu'il écrit comme un archéologue, c'est-à-dire qu'il découvre sa pièce en en rassemblant les fragments.

Mettre en scène *Lucky Lady*

Penser une pièce en tant que metteur en scène, c'est penser par concept, mais c'est aussi penser concrètement : le nombre de lieux, les meubles et les accessoires d'une scène à l'autre, les transitions, les noirs, etc. Il faut à tout prix éviter de commettre des lourdeurs, de briser le rythme de la représentation pour un changement de décor, en un mot, il faut faire en sorte que la coulisse laborieuse n'envahisse pas la scène magique.

Jean Marc Dalpé a une écriture très cinématographique. Dans *Lucky Lady*, bon nombre de petites scènes s'enchaînent rapidement. À la lecture, le rythme est très bon ; au cinéma, ce serait formidable, mais au théâtre, cela crée certains problèmes. Quand une scène se termine avec deux personnages et que la suivante recommence avec les mêmes alors qu'ils ont certains objets entre les mains, il faut souvent faire un noir pour donner l'impression que le temps a passé et pour faire entrer d'autres objets ; cependant dès qu'il y a un noir, même si on l'occupe avec de la musique, cela crée un alourdissement, et c'est très ennuyeux dans une pièce où tout doit s'enchaîner comme au cinéma. Mon travail a donc consisté à signaler à l'auteur les endroits où la matérialité de la représentation posait problème, ralentissait le rythme. Car s'il est une chose que l'on devait préserver dans cette pièce où la course est l'un des thèmes fondamentaux, c'était bien la rapidité du rythme.

Cette rapidité, si elle est l'une des qualités de la pièce, est aussi l'un de ses pièges. En effet, dès la lecture, on est sensible à la vitesse ; les répliques sont courtes, haletantes, les personnages se coupent très souvent la parole, ils se débattent avec les mots pour arriver à exprimer ce qu'ils ressentent, et les acteurs ont donc la tentation de jouer très vite, voire plus vite que la pièce ne le veut ; par conséquent, le problème de la virtuosité se pose ici. Nous étions tombés dans ce piège avec *Blazzing Bee to Win*. Les répliques étaient mitraillées et nous avions l'impression que nous rendions très bien l'urgence du texte. Mais le public n'arrivait pas à suivre, car c'était beaucoup trop rapide pour quelqu'un qui entendait le texte pour la première fois. Les acteurs ont dû ralentir au point d'avoir la sensation d'être trop lents mais le rythme, cette fois-là, était juste. Néanmoins, l'aisance qu'ils avaient acquise dans l'extrême rapidité leur donnait maintenant tout le naturel voulu par avec le texte.

L'autre difficulté de cette langue, et ce qui en fait aussi son charme, c'en est la pauvreté. Dans *Lucky Lady*, on parle un franglais désarticulé, un ontarien de la rue, une langue au vocabulaire très limité, si bien que les personnages n'ont jamais « les mots pour le dire ». Ils se débattent dans les mots ; le message passe, mais à travers une multitude de béquilles syntaxiques. Ce sont les scories du langage, les silences, les jurons, les répétitions, les expressions du visage et de tout le corps qui arrivent à transmettre ce que chacun veut dire. Il faut déployer énormément de précision et de rigueur pour arriver à rendre la vérité de cette langue, et lorsqu'on y arrive, on a vraiment l'impression d'entendre une langue parlée avec toutes les imperfections et les ratés que cela suppose. Cette impression de vérité documentaire est, il convient de le souligner, le fruit d'un véritable travail de musicien et de poète de la part de l'auteur.

J'ai été étonné de voir à quel point cette langue déroutait un public francophone comme celui de Québec. Une quinzaine de minutes était toujours nécessaire avant que les gens se fassent l'oreille à ces mots et à ces intonations. Certains acteurs me disaient que cela requérait le même effort d'attention, au début, que la traduction de Macbeth par Michel Garneau. Par contre, à Ottawa, cela ne posait aucun problème ; cette langue, les gens l'entendent tous les jours.

Comme je le disais précédemment, la pièce comporte plusieurs courtes scènes, et l'agencement rythmique de ces scènes entre elles est aussi très important. *Lucky Lady* est écrite comme une pièce musicale en plusieurs mouvements. Il faut être sensible à cet aspect, qui est d'une grande influence sur la façon dont on doit travailler chacune des scènes. En effet, le rythme d'une scène n'est pas seulement déterminé par l'action et les enjeux en présence, mais aussi par le rythme de celles qui la précèdent et la suivent. L'interdépendance rythmique des scènes est particulièrement évidente dans cette pièce, beaucoup plus que dans n'importe quelle autre que j'ai eue à monter. Lors des enchaînements, on sent très bien que telle scène doit être plus lente parce qu'elle en suit une plus rapide. Il revient alors au metteur en scène et aux acteurs de trouver les motivations psychologiques nécessaires pour obéir au rythme. En général, ce sont les émotions qui déterminent le rythme ; il est assez rare que ce soit le contraire, comme dans *Lucky Lady*.

Un autre intérêt de la mise en scène de cette pièce réside dans sa structure. Au premier acte, les personnages sont soit isolés, soit par deux ; on a affaire à plusieurs lieux ; on ne sait pas encore quels rapports lient tous ces gens. Au deuxième acte, on suit un seul personnage, Bernie. Au dernier acte, tous les personnages sont réunis en un seul lieu, l'hippodrome. Il y a donc un mouvement général de resserrement, d'entonnoir, comme si toute l'énergie éparpillée du début devait arriver à se concentrer en un point extrême : cette ligne d'arrivée où les vies de chacun basculeront dans un sens ou dans l'autre.

Sur le plan scénographique, le défi consiste à donner, dans le même espace, l'impression de l'éparpillement et de la concentration. En ce qui concerne la mise en scène, le défi n'est pas moindre pour maintenir l'intérêt du spectateur durant le temps où tout est dispersé au premier acte, pour finalement arriver à l'embarquer dans le mouvement d'accélération du deuxième acte, jusqu'au formidable sprint final. Car s'il y a une chose qui caractérise cette pièce, c'est cet extraordinaire mouvement d'accélération continue qui va de la première à la dernière réplique. Jean Marc Dalpé démontre à quel point il possède un sens du rythme hors du commun et arrive à s'en servir avec une maîtrise absolue. Dans *Lucky Lady*, on trouve sans doute la plus extraordinaire montée dramatique que notre littérature théâtrale ait jamais produite.

Michel Nadeau, printemps 1995.

Table des matières

sans explosions cette ville n'existerait pas
Robert Dickson

www.ingramcontent.com/pod-product-compliance
Ingram Content Group UK Ltd.
Pitfield, Milton Keynes, MK11 3LW, UK
UKHW022011260726
13994UKWH00006B/2419